MW01640240

英語力を鍛える

鈴木寛次
Suzuki Kanji

1023
NHK BOOKS
日本放送出版協会【刊】

Printed in Japan

はじめに

我々日本人は一般にコミュニケーションが下手であるといわれる。ノミ（飲み）ニケーションは世界一得意であるが……。もっともノミニケーションもコミュニケーションの一つではある。

なぜ日本人はコミュニケーションが不得手なのか。ふつう世界においてコミュニケーションは英語を通して行われる。そのための英語力に欠けているのである。

日本は近世において200年以上にわたって鎖国政策を実行し，中国・オランダ以外の外国人の渡来・貿易を拒否してきた。また，日本人の海外渡航を禁じてきた。その結果，独自の文化が栄え，単一民族の国を作り上げた。現代においても，日本はほぼ単一民族・単一文化の国といってよい。日本人の目からは，関東と関西で文化が異なり，東北と九州では気候・風土も言語も異なって見えるが，欧米人には「日本株式会社」という言葉に象徴されるように，単一文化の国としてしか映らない。

このような背景のもと，日本は独自のコミュニケーション手段を編み出してきた。少なくとも，日本語にはその痕跡（こんせき）が残っている。「阿吽（あうん）の呼吸」「以心伝心」「腹芸」等の表現が指し示しているのは，いずれも言語を必要としないし，ボディー・ランゲージでもない，いわば，世界に類を見ないコミュニケーションである。つまり，外国人の観点からすれば，コミュニケーションなしでコミュニケーションをしていることになるのである。

このようなコミュニケーションの方法は欧米では通用しない。

イギリスはイングランド，スコットランド，ウェールズ及び北アイルランドからなる。標準語はイングランド中央部にある。スコットランドは方言が強すぎる。ウェールズではウェールズ語も使用される。アメリカでは，方言はイギリスほど強くはない。標準語は中西部（ミドルウェスト）のシカゴ周辺の言葉とされている。ヨーロッパ大陸ではドイツ語，フランス語，スペイン語，イタリア語のようなさまざまな言語が使用されている。しかし，コミュニケーションの共通の道具としてはイギリス英語が用いられる。異なる国民間では，英語を用いて相手に確実に意思が伝わるようにしなくてはならないからである。

本書では，英語の深奥に潜む英語ということばの底力を身に付けることを目指す。つまり，英語という言語の基本にある考え方，例えば，昔からヨーロッパを支配した「神」の存在観念と言語との関係，生活様式と言語関係等を通して，言語から生活・文化まで理解できるようにしたい。この英語に潜む底流を会得して初めて，英語のニュアンスまで含めた真の英語力が増強されるものと信じている。

最後に一つお願いしておくが，本書ではこの目的のために，英語以外の言語が使用されることがある。英語自体がヨーロッパの言語を基礎として成立しているのであるから，ヨーロッパの文化を理解するには致し方のないことである。その際は英語・日本語の訳を付けておくし，語数も可能な限り一致させておくので安心して読んでいただけるものと確信している。

目次

第1章　英語力とは

英語力とは何か。軽薄な，表面的な英語をぺらぺら喋(しゃべ)ることではない。英語を使って，相手に自分の心情を伝える力である。相手の気持ちを理解しながら，かつ，相手の生活や文化的背景を考慮しつつ，相手と十分なコミュニケーションを図る力である。

(1)　基本的な英会話

英語における意思の伝達（コミュニケーション）とは単に挨拶を繰り返すだけではない。挨拶は確かに意思の伝達の基本ではある。また，通りいっぺんの挨拶だけで相手が良い印象をもつわけでもない。挨拶は，その言葉に含まれる英語の基本的概念や時・場所に見合ったものでなくてはならない。つまり，臨機応変に相手の立場を思いやる会話でなくてはならない。そのためには，挨拶に使われる言葉のニュアンスや時・場所・機会まで把握した上での英語の使い方が要求される。

a　挨拶の英会話を見直す

「ご機嫌いかがですか」「元気です。ありがとうございます。あなたはいかがですか」は正しいか

日本の中学校で初めて教えられる挨拶の英語は，次のものである。

"How are you?"
"Fine, thank you. And you?"

初めて日本語を教えられる外国人が習得する表現も

「ご機嫌いかがですか」
「元気です。ありがとうございます。あなたはいかがですか」

であろう。しかし，このように教科書通りの挨拶が通常行われるだろうか。よほど改まった場での挨拶に限られよう。アメリカ人の若者なら

Hello! (やあ！)
か
Hi! (よお！)

で済ます。

また，How are you? と聞かれたら，Fine, thank you. And you? と答えるのは原則であるが，時には体調がすぐれないこともある。そんな時には so-so を使って

Only so-so. (まあまあだ)
Just so-so. Just normal. (まあまあだ。いつも通りさ)

と答えればいい。

ドイツ語でも同様のことがいえる。「ご機嫌いかがですか」「ありがとうございます，元気です。あなたはいかがですか」は，こ

うなる。

Wie geht es Ihnen?
Danke, *ganz* gut. Und Ihnen?

後半の返事では，ganz にストレスを置かなくてはならない。gut に置くと ganz の意味が「とても」「たいへん」から「まあまあ」に転じてしまう。そこで，誤解を避けるために Ganz gut. の代わりに

Sehr gut.（たいへん元気です）

を使う。ganz は良いニュアンスをもつ語 gut（英語の good に相当），nett（英語の nice に相当），schön（英語の fine に相当）等を修飾すると「まあまあ」「それほど……ではない」の意味になってしまう。

英語の quite「まったく」「たいへん」の使い方にも注意が必要。

She is *quite* a pretty girl.（彼女は実にきれいな女の子だ）

の文で，quite はアメリカ英語では褒め言葉であるが，イギリス英語では「彼女はまあまあきれいな女の子だ」のニュアンスになる。必ずしも褒め言葉にならない。

日本語でも，「彼女はまあまあきれいだ」「彼女はなかなかきれいだ」が必ずしも褒め言葉にならないのと同様である。

真のコミュニケーションとは個々の文で決まるのではなく，文

脈全体から判断しなくてはならない。

「ご機嫌いかがですか」のニュアンス

「ご機嫌いかがですか」の表現は実にさまざまである。フォーマルな表現から俗語表現までいろいろある。

まず英語で考えよう。英語には次の表現がある。

(1) How are you?
(2) How are you *go*ing?
(3) How are things *go*ing?
(4) How *goes* it?
(5) How *goes* it with you?

上の表現の中では，(1)が最もフォーマルである。最も俗語的なのが(5)である。なぜなら，非人称の it を残し，ゲルマン語の形式を最も色濃く残しているため，(5)が最も原初的形態だからである。

この外に，次の表現もある。

(6) How have you been?
(7) How have things been?
(8) How's by you?
(9) How you is?
(10) How you was?
(11) How you be?

これらの表現では，(6)および(7)が「その後いかがですか」と久し振りに出会った相手に向かって発する表現で標準的であるのに対して，(8)以下は「変わりはないかい」「調子はどうだい」「どうでえ，具合は」等のニュアンスの俗語表現である。

なぜ，このように言い切れるのだろうか。その理由を以下に説明する。

まず，同じゲルマン語に属するオランダ語を検討してみよう。

Hoe *gaat het* met u？（＝How *goes it* with you？；ご機嫌いかがですか）

Hoe *gaat het*？（＝How *goes it*？；具合はどうですか）

前者は丁寧な表現，後者はくだけた表現である。なぜなら，省略部分が存在するからである。

ドイツ語を例にとる。

Wie *geht es* Ihnen？（＝How *goes it* with you？；ご機嫌いかがですか）

Wie *geht's*？（＝How *goes it*？；具合はどうですか）

前者は丁寧な表現，後者はくだけた表現である。なぜなら，これも省略部分があるからである。

フランス語を調べよう。

Comment *allez*-vous？（＝How *go* you？；ご機嫌いかがですか）

Ça *va*？（＝It *goes*？；具合はどうですか）

前者は丁寧な表現，後者はくだけた表現である。

参考までにスペイン語とイタリア語の表現を述べる。

スペイン語では

¿Cómo está usted？（＝How are you？；ご機嫌いかがですか）

¿Cómo tú *va*？（＝How you *go*？；具合はどう）

前者は丁寧な表現，後者はくだけた表現である。

イタリア語では

Come sta？（＝How are？；ご機嫌いかがですか）

Come *va*？（＝How *goes*？；具合はどう）

前者は丁寧な表現，後者はくだけた表現である。

既にお気付きであろう。ヨーロッパの言語では，挨拶の原初的形態には必ずgoに相当する言葉が存在したのである。そして，必ず「神のようなitがあなたをどう過ごさせていますか」のような形態であった。

これこそが，ヨーロッパ言語がインド・ヨーロッパ語といわれる由縁である。すべて共通の要素をもち，同じ思考方法をとる。

英語は変化が早く，上の表現を基礎にして

How are you *do*ing？（どう過ごしていますか）

How are you *feel*ing？（どう感じますか）

のようにgo以外の動詞doやfeelを取り入れるまでに変化したことになる。

「さようなら」は「神と共に」か「また会う日まで」

日本語の「さようなら」には，どこか寂しい響きがある。永久の別れの感がなくもない。しかし，原義はそうではない。「さようなら」は「左様なら」で「それならば」の意味。つまり，「左様ならばまた明日」「それならばまた後日」の代わりである。英語でいうなら，See you again. になる。中国語の「再見」だ。一方，英語の Goodby. は寂しくない。God be with ye.「神が貴方と共にあられますように」という意味で，「神」の庇護（ひご）がある。

このように別れの挨拶には二通りの表現がある。ヨーロッパ言語でも同様である。英語では，再び会う可能性がある時は See you again.「また会いましょう」，See you soon.「近いうちに会いましょう」，See you later.「後で会いましょう」，See you.「またね」，I'll be seeing you.「近いうちにね」等を用い，「会う」ことに重点を置く。それに対して，Goodby. は「別れ」を示す。

ドイツ語では，ふつう Auf Wiedersehen. で「再見」である。口語では Tschüs.「バイバイ」という。Bis später.「ではまた」もあるが，いずれにせよ「神」は登場しない。

フランス語の「さようなら」はふつう Au revoir. だ。やはり，「再見」である。Adieu. もある。dieu は「神」であるから Goodby. に相当し，永い別れに用いる。À bientôt. は「近いうちに」である。bientôt は英語の soon の意味。

スペイン語では，ふつう Adiós. で「神と共に」の意味。Hasta luego. もあるが，「ではまた」だ。

イタリア語では Arrivederci. であり，「再見」の意味だ。「ではまた」は A più tardi. で，「神」は出てこない。二度と会わない別れには Addio.「神と共に」がある。くだけた表現にはお馴染みの Ciao.「バイバイ」がある。

いずれにせよ，「さよなら」は「神と共に」か「再見」のどちらかである。正式表現では「神」が関係する場合が多く，ふつうは「再見」である。これは，ヨーロッパ文化において「神」の力がいかに強大であったかの証拠である。ドイツ語では「神」(Gott) は登場しないが，他の場面では出てくる。

Ach, Gott!「おやまあ」「これはこれは」
Gott bewahre!「とんでもない」「めっそうもない」
Gott sei Dank!「やれやれ」「ありがたいことだ」
Grüß Gott!「(ドイツ南部で) 今日は」

等がその例。

b　謝罪の英会話を知る

「すみません」は I am sorry. か Excuse me. か

日本語の「すみません」は実に便利な言葉である。世間を生き抜く潤滑油になっている。謝罪を自らする場合だけではなく，謝礼の場合にも「すみません」あるいは「すいません」で済ます。

「どうして遅刻したのかね」
「すみません」
「遅刻は他の学生の迷惑になるからね」
「すみません」
「『すみません』では何のことかわからないよ」
「すみません」

という具合である。その結果，英語のI am sorry.とExcuse me.の区別ができなくなっている。

I am sorry.は，相手に自分の気持ち，つまり「申し訳ない」「気の毒に思う」「残念に思う」気持ちを伝達する際に用いる表現である。Excuse me.は，相手に許しを乞う時に用いる。例えば，席を立ったり，相手の身体に思わず触れたりする時，さらには，見知らぬ人に話しかけたり，他人に異議を唱える際に使う。

Excuse me, but aren't you Mr. Smith?（失礼ですが，スミスさんではありませんか）

のように。そしてbutと相関的に用いることも多い。

Excuse me?

と語尾を上げると「何とおっしゃったのですか」という意味になり，Pardon?より丁寧な表現になる。

日本人はI am sorry.を連発する傾向がある。よく言われる話であるが，交通事故の場合，アメリカ人は日本人のように安易にI am sorry.を言うことはない。自分の非を認めることになるからである。代わりに，車の窓をしっかり閉じて，携帯電話で弁護士を即座に呼ぶこともありうる。自分の側に非があれば，損害賠償金を多く払わなくてはならない。ちょっとした謝罪の言葉が後々重大な結果を招くこともありうる。

だが一方，ホテルに宿泊する際のトラブルで，ホテル側に落度がある場合もある。その際，受付係はI am sorry.と通りいっぺんの返事をすると，誠意を疑われることにもなりかねない。そんな時にはI am very sorry.とかI am terribly sorry.とかの表現が使われる。ただ，この表現を用いると，ホテル側が全責任を負

う羽目にならないとも限らない。その可能性がある時は

I am very sorry to hear that.

で済ます。「おっしゃることを聞いて非常にお気の毒です」の意味であるが，「それ以上のことは何もできません」が言外に含まれる。

かなり前の話であるが，ロンドンのある航空会社でフライトの確認をしたことがあった。係の女性から次のように言われたのを覚えている。

All the seats are already booked. I am sorry, but I can do nothing.（座席はすべて予約済みです。申し訳ありませんが，何もできません）

つまり，

I am not responsible for it.（悪いのは私ではありません）

ということになる。一種の責任回避だ。「それ以上は何もしません」が言外にあり，日本人には非常に冷たく感じられる。

既にお気付きと思うが，I am sorry, . . . も Excuse me, but. . . と同様に，I am sorry, but. . . の形で but と相関的に用いることが多い。

以上から I am sorry. と Excuse me. の区別が明確になったと思う。区別の究極の方法を言う。

「I am sorry. は既に生じた事柄について述べる時に使用し，Excuse me. はこれから起こることに用いる」

必ずしも上の記述がすべてのケースに適用できるわけではないが……。

(2) 日米と欧米の会話の違い

日本語の会話は特殊か

次の会話は，日本のカメラ屋におけるものである。客はアメリカ人，店員は日本人。

Customer: My pictures are ready? (客：写真できてますか)

Clerk: (smiling) Sorry. They aren't ready yet.
(店員：〈笑いながら〉すみません。まだですが)

Customer: But you said they would be ready this morning.
(客：でも貴方は今朝できると言いましたよ)

Clerk: (smiling) Yes, but. . . .
(店員：〈笑いながら〉はい，でも……)

Customer: I think it's your fault.
(客：貴方のせいですよ)

Clerk: (smiling) I know.
(店員：〈笑いながら〉わかってます)

Customer: By the way, why are you smiling?
(客：ところで，なんで笑っているのですか)

Clerk: (smiling) I'm not smiling.
(店員：〈笑いながら〉笑ってません)

いわゆる，日本人独特のJapanese smileというヤツである。もっとも東南アジアには同じ表情をする民族もいるので，

Oriental smileということもある。上の描写で，アメリカ人はできあがっているべき写真が用意されていないので，立腹は当然である。店員も困っている。しかし，その表情は笑っている。困った時，悲しい時でも日本人は照れ隠しに笑みを浮かべる。それがアメリカ人には理解不能なのである。しかし，単一民族，同一文化の中で育った日本人には，この店員の気持ちは痛いほど理解できる。

日本の文化は同一か，という疑問は確かにある。今は昔の話であるが，群馬県の高崎には「お江戸見たけりゃ高崎田町」「嫁をもらうなら越後(えちご)から」という言葉があったという。前者は「既に江戸時代に城下町・宿場町として栄えていた高崎の町であるから，あえて花のお江戸を見に行くことはない。遊郭もある田町の繁栄ぶりを見れば事足りる」の意味である。後者は「嫁をもらうなら『かかあ天下』の上州の女性より優しく，忍耐強い越後の女性のほうが良い」という意味。事実，新潟県は今日，離婚率が最も低い県である。今では少々問題のある言葉であるが，昔のこととしてお許しをいただきたい。

一方，新潟には「新潟に杉と男は育たない」という言葉がある。新潟は信濃(しなの)川の河口に発達した町で，地盤が悪い砂地であるから杉は育たない。かつ，新潟には古町という花街もあり，男は遊びすぎて駄目になるというのである。かくして，越後の女性が上州に嫁ぎ，文化の同化が促進されるという次第である。したがって，確かに日本の文化にも各々の独自性はあるが，その差は時代と共に少なくなり，均一性は増している。

いずれにせよ，日本文化は欧米のそれに比較すれば同一性・均一性は高い。これこそ「阿吽の呼吸」「以心伝心」「腹芸」が生じる素地といえる。

お互いに思考する土壌が同じなら，長年連れ添った夫婦に多くの言葉は不要であろう。毎朝，毎晩の I love you. は不要かもしれない。一方，多民族国家のアメリカ人は I love you. を多用する。互いの愛情を確認し合うためである。

もっともアメリカにも

The time when I say to my wife 'I love you' is when I divorce her.（私が妻に「愛しているよ」と言う時は離婚する時だ）

というジョークがあるが。

いずれにせよ，日本文化の根幹をなしているのは日本語である。日本語は，世界の中で類を見ない特殊な言語である。その特徴の一つは，起源が明確でないことだ。チベットから中国を経て到来したとする説。南インドのタミール語からという説。どちらも中国を経由したとする点が共通している。確かに，日本語は中国から漢字を借用している。しかし，後に平仮名や片仮名を自ら造り出していることも忘れてはならない。また，江戸時代には長崎の出島（でじま）を通してオランダ語から，明治以降は主として英語から西洋文化が伝えられている。

漢字のお陰で，我々は中国語が読めなくても意味は何となく理解できる。中国語の「電視台」，今日の中国文字である簡体字の「电视台」が「テレビ局」であり，「電子計算機」，簡体字の「电子计算机」や「電脳」，簡体字の「电脑」が「コンピュータ」であると推測することが可能だ。「光陰似箭」，簡体字の「光阴似箭」が「光陰矢の如し」であることも推測できよう。しかし，「美国」が「アメリカ」であることは推測できない。その点，日本語は片仮名の発明により，西洋の事物を即，そのまま文字化する。実に便利な発明で，かつまた便宜的でもある。

欧米のコミュニケーションの基本を知る

ヨーロッパ言語は，先に述べたように先祖はインド・ヨーロッパ語といわれるもので，共通の基盤を有している。例えば，「コミュニケーション」の元の形である英語のcommunicationはラテン語のcommunico「共に通じる」「共に分かち合う」から派生した。オランダ語ではcommunicatie，ドイツ語ではKommunikation，フランス語ではcommunication，スペイン語ではcomunicación，イタリア語ではcomunicazioneである。ヨーロッパの人々は，ほんの少し努力すれば他の言語を習得できるようになっている。努力しなくても想像はできる。元来，同語源の語を共有しているのであるから。

ヨーロッパ諸国の中で，フランスだけは独自の方向を探っている。政治においても英米とは異質の行動をとるが，文化面においても然り。フランス絵画の印象派はいち早く日本の浮世絵を取り入れた。江戸時代に庶民の荒唐無稽（こうとうむけい）なものとされていた絵画が，フランスのルノワール（Pierre Auguste Renoir）らを魅了した。ルイ・ヴィトン（Louis Vuitton）のハンドバッグに見られる模様は，日本の家紋を元にしたといわれている。日本を東洋の神秘的な国と捉える傾向があるのだろう。

また，フランスは言語においても英米と一線を画そうとしている。フランスにはle mot juste（the just word）という言葉がある。「言葉は正しいものを選んで使用しなさい」というのだ。すなわち，既にフランス語に流入しているgolf，T-shirt，weekendのような英語は致し方ないにしても，新たに入り込もうとする英語は可能な限り排除しようとする動きである。逆に考えれば，英語の影響がそれだけ強いという証拠でもあるが。

例えば，「コンピュータ」は英語で computer で compute するもの，つまり「計算するもの」の意味である。語源はラテン語の computo だ。オランダ語で computer，ドイツ語でも Computer で英語をそのまま取り入れている。フランス語では ordinateur「順序立てるもの」と独自の用語を使用する。あえて英語の流入を防いでいる。

さらに，既にフランス語に入っている語でも，英語式の発音をせずに，T-shirt [tiʃœrt]「ティーシャツ」，babysitter [babisitœr]「ベビーシッター」のようにフランス語式の発音に変えている。フランス人の自尊心のなせるワザである。

断わっておくが，ヨーロッパ大陸における英語はイギリス英語が主流である。地理的にも，歴史的にもアメリカよりイギリスとの関係が深いからである。

(3) コミュニケーションの難しさ

a ステレオタイプをどう生かすか

ステレオタイプ化は正しいか

英米人がよく言うことがある。

「背の低い人間がドブネズミ色のスーツを着て，メガネをかけて，カメラを下げ，徒党を組んで歩いていたら必ず日本人である」と。

確かに，日本の男性，特にビジネスマンは地味な背広を着用し，メガネをかけているケースも多い。こういうビジネスマンが観光や所用で欧米を歩く時，カメラを下げ，仲間と連れ立って歩く場合も多々ある。一昔前までは，特に多かった気もする。しかし，すべてがこのケースに当てはまるわけではない。にもかかわらず，欧米人は日本人をこのような目で見る傾向がある。この現象をステレオタイプ化という。

ステレオタイプ化は必ずしも正しいわけではない。しかし，民族あるいは国民理解の手段の一つとしては興味を引く。

次の文はドイツ中部の保養地ヴィスバーデン（Wiesbaden）のあるホテルの宿泊者カードに書かれていたものである。

Heaven is where the police are British, the cooks French, the mechanics German, the lovers Italian, and it is all organised by the Swiss.

Hell is where the cooks are British, the mechanics French, the lovers Swiss, the police German, and it is all organised by the Italians.

（天国とは警察官がイギリス人で，料理人がフランス人，機械工がドイツ人，恋人がイタリア人，そして，すべてを取り仕切るのがスイス人である場所である。

地獄とは料理人がイギリス人で，機械工がフランス人，恋人がスイス人，警察官がドイツ人，すべてを取り仕切るのがイタリア人である場所である）

この記述から伝わる情報は，「イギリスでは警察官が親切で，フランスは料理が美味(おい)しく，ドイツは機械製品の性能が高く，恋人を持つならイタリア人で，スイスはすべてが秩序正しく整然としている」ということである。また同時に「イギリスは料理が不味(まず)く，フランスの機械製品は信用できない，スイス人の恋人は持ちたくない，ドイツの警察官は厳しい，イタリア人にすべてを任すことはできない」という情報も伝わってくる。

この記述はユーモア溢(あふ)れる見方である。それぞれの国民性を端的に突いている。実をいうと，このホテルの経営者はアメリカ人。つまり，アメリカ人はヨーロッパ人をステレオタイプ化することで揶揄(やゆ)しているのである。

ステレオタイプ化は必ずしも悪くない

ステレオタイプ化はユーモア溢れる楽しいものであれば，そして，他の国民を不快にさせるものでなければ悪くはない。むしろ，潤滑油としての役割を果たすかもしれない。

例えば，先にあげた日本人のステレオタイプ化は必ずしも日本人を馬鹿にしてはいない。むしろ，日本人でさえ「なるほど！」と納得するであろう。この程度のステレオタイプ化なら，結構である。日本人はとかく集団行動をしがちで，同じ服装，同じ思考方法を取る傾向にある。「日本株式会社」といわれる由縁である。この程度の揶揄を容認できないなら，日本人こそ行動様式を改めるべきである。

しかし，他の文化をもつ民族を根幹から馬鹿にする行動・発言をステレオタイプ化すべきではない。

例をあげる。

「支那(しな)」という言葉がある。「支那」とは中国に対する古い呼び名である。江戸中期から第二次世界大戦まで使用されていた。英語ではChina，ドイツ語ではChina，フランス語ではChine，イタリア語ではCina，スペイン語ではChinaである。特にドイツ語は日本語での「シナ」の発音に近い。しかし，「支那」は不適切な語に相当する。発音の上ではほとんど「シナ」に相当する言葉をヨーロッパ人が使用しても，中国人は何も感じない。しかし，過去の歴史から考えて日本人が使用すると，文字の上でも語感上も非常にいやなイメージを抱く。「支那事変」とは「日中戦争」の意味であり，当時の日本側から見た呼称である。したがって，中国にとっては不適切である。一方，「支那竹」「支那そば」は言葉が定着しているので，我々はふつうに使用する。政治とは無関係な言葉であり，日本人の生活に根差している。

「蒙古（もうこ）」は英語ではMongoliaである。恐らく，中国語からの輸入語である。中国では今日でも使用している。日本では今日の表示としては「モンゴル」を使用すべきであり，実際多くの場合「モンゴル」である。なぜなら，この術語の「蒙」と「古」のそれぞれの意味を考えると不適切だからである。しかし，「蒙古牛」「蒙古野馬」「蒙古斑」等においては「蒙古」が生きている。術語として通称になっているからである。

薬の名前として知られる「正露丸」についても同じことがいえる。かつては「征露丸」であったものが，第二次世界大戦後，名称を変更したのである。理由は推して知るべしだ。

このように，相互に異なる文化をもつ民族が，あえて互いの文化を傷つけ合う現象は絶対に避けるべきである。

同じことがヨーロッパにおいてもいえる。ヨーロッパの民族は元来白人である。白人はコーカソイド (Caucasoid) といわれ，そのルーツはコーカサス地方である。別名コケイジョン (Caucasian) ともいわれている。彼らの言語は総称してインド・ヨーロッパ語と呼ばれる。

いわば，ルーツをたどれば同じ民族である。それが時間の経過と共に今日のように多国家に分かれ，多様な文化をもつに至った。そして，それぞれの国・文化同士の軋轢（あつれき）や対立を抱えるまでになった。

将来，人類が平和に豊かに暮らしていくには，互いの国・文化が共存・共栄していかなくてはならない。そのためには邪悪なステレオタイプ化により，互いに傷つけ合うことはやめるべきだ。

b　英語力と文法

一見文法的でないように見える英語も，実は文法に沿っている。確かに英会話で，単語を並べるだけで相手に意思を理解してもらえる場合もある。単純な内容の話であるならばという限定は付くが。しかし，文法の規則に則って省略すべきは省略し，大事な部分ははっきり主張して，初めて相手は理解してくれる。英語力が身に付いている人とは，文法力のある人だ。

会話に主語は必要か

日本語の構造は英語，ドイツ語，フランス語と比較するとあまりにも違う。日本語では「主語」は簡単に省略できる。特に会話文で，文脈から想像できる場合には省略することが多い。スペイン語やイタリア語でも，日本語と同じく文脈から容易に判断できる場合は，主語を省略することが多い。人称により動詞の形が異なるので，主語が何か理解できるからである。

他方，英語，ドイツ語，フランス語では省略する場合もあるが，特殊である。

例で示そう。

A：寒くないかい，今日？
B：うん。すごくね。
A：今日の予定は？

B：やることがないから，学校へ行くよ。

日本語の会話としてはふつうであろう。これを英語にする。

A：It's cold today, isn't it?
B：Yes, it's terribly cold.
A：What are you going to do today?
B：I have nothing to do. So I go to school.

日本語では会話が二人の間で進行する場合，互いに理解できるので主語を省略することが多い。英語では原則的に省略しないが，する場合もある。上の会話文で Yes, it's terribly cold. は Yes, terribly cold. と「主語」と「be 動詞」は省略可能である。

別の例をあげる。(　　) 内は省略される語である。

(That) Sounds good. (よさそうだね)

のように，That「それ」や The report「その報告」のような意味の「主語」だけは前の文を受けて省略することもある。

この傾向はドイツ語でも同じである。原則的には主語や動詞の省略はしないが，時にはする。

A：Wieviel kostet das? (How much does it cost?；いくらですか)
B：(Das kostet) 28 Euros. (It costs 28 Euros.；28ユーロです)

フランス語でも同様である。ただ，フランス語では疑問文を付くる場合，est-ce que を文頭に付けて，逆に二重主語にすることもある。

会話で主語と動詞の語順はどうなるか

日本語における主語と動詞の関係の最大の特徴は，語順が一定でないことである。

例として次を考えよう。

I will go to school today.（私は今日学校へ行く）

英語では，この文は外に

Today I will go to school.（今日私は学校へ行く）

ともなりうる。副詞 today を文頭に置くと today が強調されるニュアンスである。もちろん，英語にも倒置があり，主語と動詞が

Never have I seen such a man as he.（私は今まで彼のような男を見たことがない）

のように倒置されることはある。しかし，それは例外である。この特徴こそ英語が語順言語（word-order language）と称される由縁である。

ところが，日本語はほとんど語順を考える必要はない。

「私は今日学校へ行きます」
「私は学校へ今日行きます」
「私は学校へ行きます，今日」
「私は今日行きます，学校へ」
「私は行きます，今日，学校へ」
「私は行きます，学校へ，今日」
「今日学校へ私は行きます」
「今日学校へ行きます，私は」
「今日行きます，私は，学校へ」

すなわち，「今日」「私は」「学校へ」「行きます」の4要素をどのように組み合わせても，日本語表現は可能である。便利で複雑な，そして原則のない語順をもつ言語と言える。

ドイツ語やフランス語は英語と比較すれば，はるかに語順には拘泥しない言語である。とは言っても，基本的な文において日本語に比較すれば，語順ははるかに厳しい。

会話で最も大切なことは「何がどうだ」「何がどうする」である。つまり，英語で言えば「S+V」である。日本語では往々にして主語が省略される。主語が自明の時である。これに関しては既に述べた。

「私はこの土地の名物料理を食べたい」の文を例示して，ヨーロッパ各語の語順がどうなっているかを調べてみよう。

I would like to *eat* some special local food. (英語)
Ich möchte die Spezialität dieser Gegend *essen*. (ドイツ語)
Je voudrais *goûter* une spécialité du pays. (フランス語)

英語とフランス語の語順は「S＋V＋O」型である。ドイツ語は話法の助動詞（英語の助動詞に相当）がある時は動詞が文末にくる。これは「枠構造」(Rahmenbau) という特殊なケースである。ふつうは英語やフランス語と同じ語順。日本語は動詞が文末にくるので，文を最後まで聞かないと「どうだ」「どうする」が理解できない。

もっとも英語でも，

I have a letter *written.* (私は手紙を書いた)

のように，現在完了や過去完了文では動詞の過去分詞は文末に置かれていた。14世紀頃までの話ではあるが。今日でも「私は財布を盗まれた」は

I had my purse *stolen.*

のように「have＋目的語＋過去分詞」の型で，動詞を文末に置いて「人に……される」「人に……させる」「人に……してもらう」の受け身，使役の意味になる。これは古い英語の名残りである。今日でも古い英語の特徴をもつアイルランド英語では相変わらず，完了形の過去分詞は文尾に置く。

古期英語 (Old English＝450年頃～1150年頃までの英語) は民族大移動の際に主として北ドイツの言葉が大ブリテン島にもたらされたものであるから，当然ドイツ語の枠構造を有していた。中期英語 (Middle English＝1150年頃～1475年頃までの英語) はフランス語の強い影響下にあり，結果として今日の語順が決定された。英語の今日の語順はフランス語の影響と言える。

否定語の位置はどこがいいのか

日本語の語順の最大の特徴は否定語の位置にある。ドイツ語の場合，否定が文末にくることはあるが，すべてのケースにおいてではない。英語やフランス語の場合，現代語では否定語が文末にくるケースはほとんどない。

それに対して，日本語では否定語は原則上，文末にくる。

次の文は例外かもしれないし，奇妙でもあるが文としては成立する。

「今日は天気は晴れているし，気分もよいし，少々風は冷たくて強いが，やるべきことはたくさんあるし，最初から学校へ行く予定にしていたことだし，友達も来るから会いたいし，僕は学校へ，でも，行かない」

冗漫な文である。高尚な文でもないが，日本語としては，特に話し言葉では可能である。この文で「僕」なる人物は，前半部分から学校へ行く姿勢を見せている。聞き手は「行く」と感じている。しかし，最後にどんでん返しが起こる。あらゆる記述が最後の「でも」の一言でひっくり返り，「行かない」の否定になる。世慣れた日本人なら，前半で「行く」姿勢を強く見せ過ぎているので怪しいと感じるかもしれないが，英米人にとっては，最後の一言で否定されてはたまらない。なぜなら，英語には否定語を文末に置く方法は一般的ではないからである。かつてはドイツ語の現在時制・過去時制におけると同様に，英語でも否定語は文末に置かれていた。シェークスピアの時代までではあるが。次の例文

He comes today *not*. (＝He does not come today.)

のように。

先ほどの冗長な日本文を英語に直すと次のようになる。

I will not go to school, even though it is fine today, I feel good in spite of the strong wind, I have much work to do there, I was to go this morning and my friends come to see me.

要するに，英語では可能な限り否定は文の前の部分でする。この原則は，現象や事柄を述べる文では yes，no を早く明確にすべきであるという論理につながる。

次の英文の誤りにも容易に気付くであろう。

(1)　Anything did*n't* happen.（何も起こらなかった）

(2)　I think he is *not* right.（私は彼が正しいとは思わない）

(3)　It was until yesterday that he did *not* come.（彼は昨日になってようやく来た）

正しい英語にしてみよう。

(1)′　*No*thing happened.

(2)′　I do*n't* think he is right.

(3)′　It was *not* until yesterday that he came.

是が非でも「彼は正しくない」と主張したいなら，上の(2)の I think he is *not* right. の文も可能ではあるが，一般的には(2)′の文が正しい。

(3)の文は

He did *not* come until yesterday.

の until yesterday を強調した文である。強調したい部分を「it

was. . . that 構文」の . . . の部分に置くので(3)になるが，英語では否定語を前置するから(3)′ が正しい。

c　「私」は I で「貴方」は you か

「私」と「貴方」をどう表わすか

英語の I に相当する日本語「私」は，方言を含めれば数え切れないほど表現が多い。「私」は「わたくし」「わたし」「あたし」「あたい」「わし」「わい」「わらわ」「あっし」と状況に応じて変化する。さらに「俺（おれ）」「俺等（おいら）」「我（われ）」「己（おのれ）」「余（よ）」「朕（ちん）」「手前（てまえ）」等枚挙に暇がない。我々日本人はこの区別を簡単に理解できるが，外国人にとっては極めて難しい。

一方，ヨーロッパの言語では「私」は比較的簡単である。ゲルマン語である英語で I，オランダ語で ik，低地ドイツ語で ick，ドイツ語で ich，デンマーク語では jeg である。ロマンス語であるフランス語では je，スペイン語で yo，イタリア語で io。

英語の I は古期英語では ic，中期英語では ic，ich，i と変化し，近代英語（Modern English＝1475年以後の英語）では I に統一されている。

英語の I はラテン語の「私」に相当する ego に由来する。e-の音が「母音推移の法則」(vowel shift) により i-の音に変化し，さらに-go が「子音推移の法則」(Grimm's Law) により-ko に変化し，やがて，ick → ich → ic → i → I に変わった。

英語の you に相当する日本語の「貴方」に関しても同じことがいえる。「貴方」は「彼方（かなた）」から転じたものであるが，他に「貴殿（きでん）」「貴下（きか）」「君（きみ）」「お前（まえ）」「貴様（きさま）」「手前（てまえ）」「てめえ」「主（ぬし）」「主（いし）(＝ぬしの関東方言)」「汝（なんじ）」等の言い方がある。

一方，ヨーロッパの言語では「貴方」は比較的単純である。英語では you のみ，オランダ語の丁寧語で u，親愛語で jij または je，文語で gij または ge，低地ドイツ語の丁寧語で Se，親愛語で du，ドイツ語の丁寧語で Sie，親愛語で du，デンマーク語で du である。ロマンス語であるフランス語では丁寧語で vous，親愛語で tu，スペイン語の丁寧語で usted，親愛語で te，イタリア語の丁寧語で lei，親愛語で tu である。

英語の you は古期英語の eow，ieow，iow 等の形から発達した。親愛形 thou もあるが，今日では祈り・方言・古語でしか用いられない。

一人称と二人称の混乱

言葉では一人称と二人称が混乱をおこす場合がある。日本語でも英語でも生じる。

日本語の「手前」は元来「私」という一人称を表わす謙譲語であったが，対等または目下の二人称に対し軽蔑して「おまえ」の意味でも使う。さらに悪い言い方になると「てめえ」になる。言葉には寿命があり，使われなくなったり，意味の転化が生じたりする。

英語でも同じような混乱が生じることがある。アメリカ軍のラジオ放送である AFN（American Forces Network）の「職業訓練推進運動」の放送に次がある。

"Why did I hire you?"（どうして貴方を雇ったんでしょうか）
"*You*?"（私をですか）

後半の you は相手の質問にそのまま応じているが，本来なら "Me?" であるべきだ。なぜなら，答える人は「自分」を指しているのであるから。

フランス語にも混乱の例がある。次の会話は母親に抱かれている子供に対する問いかけである。

「君はボンボンが好きかい」

これをフランス語にしてみよう。

Est-ce que *j'*aime les bonbons?

jeは本来「私」を表わすが，この場面では子供の立場になって「ボクはボンボンが好きかい」と質問している。

このように現実の会話では，一人称と二人称が逆に使用されることは案外多い。

主格と目的格の混乱

英語では「私は」に相当する語は主格であるからIしかないはずである。しかし，会話文ではIの位置に目的格のmeがくることがある。次の英文を見よう。

いずれも「彼は私より背が高い」の意味であることは言うまでもないが。

He is taller than *I*.
He is taller than *me*.

前者は文章語，後者は話し言葉において使用される。両者を完全な文にすると以下の通りである。

He is taller than *I am* tall.
He is taller than *me is* tall.

問題は後者の英語が正しいかどうかである。結論から先に述べよう。古語あるいは今日の俗語では正しい。したがって，通常の会話文では He is taller than me. が使用されている。

理解を容易にするために，別の例をあげる。手元にある英和辞典で please の項を引くとよい。

if you please（どうぞ；もしよろしければ）

を探そう。必ず慣用句として掲載されている。「please には自動詞の用法もあるから，慣用句とする必要はない」と考えるかもしれない。しかし，それは誤りである。この慣用句が成立する過程は次の通りである。

if *it* please you → if *you* please

断わっておくが，please に三人称単数現在の -s がないのは仮定法だからである。そして，it は非人称の it で「何だか理解できないもの，いわば，神のようなもの」を指す。すなわち，かつては自由奔放に使用されていた非人称の it が省略されて，目的格が主格の位置を占めた結果である。これは英語が属するゲルマン語の大きな特徴の一つである。フランス語では

s'il vous plaît

と相変わらず，英語の非人称の it に相当する語 il を用いる。

さらに外の例をあげる。

例えば「私は寒い」をゲルマン語で表現してみる。

Es ist *mir* kalt. → *Mir* ist kalt.（ドイツ語）

It is *me* cold. → *Me* is cold. (英語)

英語の例を見て変だと思う人も多いであろう。It is cold for me. が正しいのではないかと。その通り。しかし，かつては英語もドイツ語と同様に名詞・代名詞の格は四つ存在した。今日の for me は古期英語の時代には me でよかった。

以上の事実から

He is taller than *me is* tall. すなわち，He is taller than *me*. が話し言葉としては正しいことが理解できた。

この変化を信用しない読者のために，もう一つ例をあげる。

古語である thee「汝を」「汝に」は thou「汝は」の目的格であるが，今日でもクエーカー (Quaker) 教徒は

Thee has the Bible. (汝はバイブルを持っている)

のように目的格を主格の代わりに使用している。元来は

It has *thee* the Bible. (何だかわからないもの，すなわち，神のようなもの 〈非人称の it〉 が汝にバイブルを持たせる)

であったが it を省いて thee を文頭に置いた。ここから

You has the Bible.

の二人称単数現在の you has... が生じた。一人称単数現在の methinks「私には……のように思える」や meseems「私には……のように見える」も同様に me thinks..., me seems... から生じた。今日の俗語になっている

You is thinking of the thing. (君はそのことを考えている)

Me seems that he is poor. (俺には彼が貧しく見える)

等の文はこうして生まれた。

さらに，英語には「自分」を三人称の目的格で表現することもある。

次の例がそれであるが，電話での会話と考えて欲しい。

“May I have Mr. Smith?”（スミスさんをお願いしたいのですが）

“Yes, you have *him*.”（はい，私です）

フランス語においても je「私は」の代わりに目的語の me が使用されるのもふつうである。「私はこちらにいます」は

Me voici.

Me voilà.

という。前者は後者より丁寧な表現である。

このように主格と目的格の混乱は意外と多い。

日本語にも同じ現象がある。日本語文法では「主格」「目的格」の名称を使用しないが……。

「私はあの人を好きだ」

「私はあの人は好きだ」

前者の「あの人を」は目的格になり，「一般的に言って，あの人を好き」の感じである。後者では「あの人は」の表現で形式的には主格である。「他の人は好きではないが，あの人だけは好きだ」の印象である。いずれにせよ，英語でいう目的格。

第2章　言語による意思の伝達

(1)　オーラル(oral)な英語力を鍛える

オーラルコミュニケーションにはさまざまな形態があるが，日米および日欧の表現方法に本質的な相違は少ない。その形態を考える。

演説(speech)とは

英語のspeechに「演説」の訳語を与えたのは福沢諭吉である。聴衆を前に道理や教義を説くことを演説という。かつて日本語では「説法」なる語があった。あくまで仏教上の言葉である。西洋社会ではギリシャ・ローマの時代から演説はさかんであった。ローマの政治家ジュリアス・シーザー（Julius Caesar）を暗殺したブルータス（Marcus Junius Brutus）に対するアントニー（Marcus Antonius）の

Brutus is an honorable man.（ブルータスは高潔なる人物だ）で始まる演説はあまりにも有名である。

イギリスはロンドンのハイドパーク（Hyde Park）に，今日でもスピーカーズ・コーナー（Speaker's Corner）がある。日曜日になると誰でも自由に演説できるようになっている。この演説者をHyde Park oratorという。

このようにヨーロッパではギリシャ・ローマの時代から演説がさかんであるのに対して，日本では明治時代になるまでスピーカー（演説家・雄弁家）が出現することはなかった。ようやく福沢諭吉の出現を待って「演説館」が設立された。ここで諭吉は公開演説会をたびたび開き，日本にも「弁士」なるものが登場した。

演説では形式言語（formal language）が使用される。日本語もヨーロッパ言語も同様である。日本語なら「抜本的」「真剣な」「国家的」「本源的」のように，大上段に振りかぶった迫力ある用語が使用される。英語でも堅苦しい表現あるいは古い文体が好まれる。例えば，「止まる」はstopよりpause，「始まる」はbeginよりcommence，「延期する」はput off，hold offよりpostponeというように。

前者は土着のゲルマン語由来で，古期英語の時代から存在していた語。後者はロマンス語由来の語で，中期英語以後英語に入った語である。外国産のものが高級で，国産は低級であるとするどこかの国とまったく同様である。

日本語に例えるなら，前者は平仮名，後者は漢字というところであろうか。難しい漢字を多く使用すると，聴衆に対する虚仮威（こけおど）しにはなる。

一般会話（conversation）とは

一般会話とは，社会において日常的に行われている会話であり，対話，話し合い，交渉に用いられるふつうの言葉をいう。小説や詩に使用される言葉もこれに含まれる。一般大衆を対象としない小説や詩，あるいは，対話はこの範疇（はんちゅう）に入れるべきではない。

例えば，トーマス・モア（Thomas More）が1516年に著わした

Utopia はラテン語で書かれている。当時のイギリスでは一般大衆はラテン語を理解できなかった。

一方，*Utopia* より百数十年前に書かれたチョーサー（Geoffrey Chaucer）の *The Canterbury Tales* は平易な中期英語で書いてある。今日の英語から見ると理解しにくい点も多いが，当時の英語からすれば全体が会話文である。

日本語にも同じ現象がある。『古事記』や『日本書紀』が当時の大衆に理解しえたとは考えにくい。十返舎一九（じっぺんしゃいっく）の『東海道中膝栗毛』や四世鶴屋南北（つるやなんぼく）の『東海道四谷怪談』になると大衆も容易に理解しえたであろう。

文章や表現は時代により変化する。言い換えるならば，文章や表現には寿命がある。語彙（ごい）にも当然寿命がある。今日の若者の使用言語を考慮すれば一目瞭然（いちもくりょうぜん）であろう。

英語における現代の一般会話あるいは文章や表現が始まったのはドクター・ジョンソン（Dr. Johnson）以降であるといわれている。彼は本名を Samuel Johnson（1709-84）といい，辞書（*A Dictionary of the English Language*）を編集して今日の英語を築いた人物の一人である。一方，今日の日本語の基礎は二葉亭四迷（ふたばていしめい），山田美妙（びみょう），尾崎紅葉らの作家に負うところ大である。彼らは話し言葉と書き言葉を一致させ，明治末期には現代の口語文を完成させた。

通俗会話（popular conversation）とは

通俗会話とは，家庭あるいは親しい友人間で行われる非公式の会話をいう。かなりの俗語や卑語が用いられる。率直かつ正直な会話であるから，罵り言葉（ののしりことば）（swearword）や卑猥語（ひわいご）（four-letter word）が飛び交うこともある。

次の会話は，ある総理大臣が自分の再選に関して新聞記者から質問された時の回答である。

記者：総理の再選は確実といわれていますが？
総理：ほう。そうですか。しかし，まだ再選されたわけではありません。

これは公式的な一般会話。これを非公式な通俗会話にすると，以下のようになる。

記者：総理の再選は確実ですか？
総理：ふーん。そうかい。でもまだしてないよ。

通俗会話ではあるが，記者は対総理への質問なので少し丁寧に聞いている。総理の答えは，主語もなく，「(再選は) でもまだされてないよ」の意味で，受動がいつのまにか能動態に変化してはいる。しかし，通俗会話では十分意味が伝わる。日本語では語尾に「よ」「かい」「だぜ」等が付くと俗語調になる。仲間意識が働くから。

英語ではいかがであろうか。次の引用は漫画 *POPEYE* からである。

POPEYE: ARF! ARF! YA IS OUTA LUCK!! YOU'D NEVER FIND ANOTHER WOMING TO FIGHT!!
OLIVE : WHO SAID ANYTHING ABOUT WOMEN? I WANT TO HIT MEN!!

POPEYE: YA CAN'T DO IT OLIVE!! YA IS A DAME!
OLIVE : IF SOME DAMES CAN BE JOCKEYS I CAN BE A PRIZE FIGHTER!
POPEYE: TO BE A SPRIZE FIGHTER YA HASTA HAVE A PUNCH!
(ポパイ ：あー！ あー！ お前ついてねーなあ！ ボクシングで相手になる女なんているわけねーだろう!!
オリーブ：誰が女性の話をしていたの。私は男性を殴るのよ!!
ポパイ ：お前にそんなことできっこねえさ，オリーブ！ お前は女だぜ！
オリーブ：女性が競馬の騎手になれるのなら，私だってプロのボクサーになれるわ！
ポパイ ：プロのボクサーになるにはなあ，パンチがなくっちゃなあ！）

既にお気付きであろう。オリーブはふつうの女性として一般会話で話している。ポパイは荒くれ船乗りである。決してインテリではない。俗語は使い放題，スペリングはでたらめ。しかし，彼の感情は読者に強烈に伝わる。これが通俗会話の真骨頂。ちなみに，ポパイの会話を標準英語に直して解説しておこう。

POPEYE: Ah! Ah! You are out of luck!! You'd never find another woman to fight!!
POPEYE: You can't do it, Olive!! You are a lady!
POPEYE: To be a prize fighter you have to have a punch!

YA IS は you is のこと。you is の成立は既述の通りである。

you is はいろいろな辞書に見られるように，単にロンドンのコックニー（Cockney＝ロンドンの East End の労働者階級の言葉）で使用されるのみならず，イングランドの北部方言，アメリカ英語の俗語として広く用いられている。

OUTA は out of のこと。of の発音に強勢がないことから a になり，さらに out と同化（assimilation）した。

WOMING は woman のこと。ポパイは［wú:miŋ］と自分の発音通りのスペリングを心掛けた。

DAME は dame のこと。元来 dame はラテン語の「女主人」に由来する。原義は knight に相当する勲位に任ぜられる婦人の敬称であり，フランス語の dame「女性」「レディー」，ドイツ語の Dame「女性」「レディー」に相当するが，アメリカ英語の俗語では単に「女性」を指す。以前にも触れたが，言語には寿命があり，敬称が蔑称(べっしょう)に変化した例。日本語でも同じ現象が生じている。尊敬語の「御前」が目下に対する「お前」に変化したように。オリーブも dame を使用しているが，これはポパイの言葉をそのまま受けたものであろう。

SPRIZE は prize のこと。オリーブの言葉から理解できると思うが，ポパイの訛(なま)りと理解すべきである。もっともイタリア語では scompartimento「コンパートメント」，scambiare「交換する」のように接頭辞 s- を付ける習慣があるが，この習慣を引用したのかもしれない。

YA HASTA は you have to のこと。文字通りは you has to である。you has は you is の連想，つまり，you の後に単数形の is がくるところから you has になった。

⑵　社交的言語による英語力を鍛える

社交的言語の定義

社交的言語（phatic language）とは，相手に必要な情報を伝えるというよりは，社会において軋轢が生じないように共感，好意等をつくり出すための言語をいう。ポーランド生まれの文化人類学者マリノフスキー（Bronislaw Malinowski）による造語である。

社交的言語は恐らくすべての言語に存在するであろう。人間は正直でなくてはならない。さりとて，自分が心の奥底で真に思っていることを素直に口に出していいものでもない。直接，心の思いを出そうものなら，社会では摩擦も大きくなろう。そのために社交的言語が不可欠になる。

社交的言語における日本語・英語表現の違いとは

日本語は社交的言語を多く含む言語である。統計をとったわけではないが，英語と比較するとその差は明確である。

今，次の日本語の手紙を紹介する。

「　　　　　　　　　　　　　　　　　　2004年３月20日

拝啓

桜のつぼみもふくらみ始める季節となりました。皆々様にはお変りなく，ますますご健勝のこととお慶び申し上げます。先生には日頃からご高配を賜わり，深く感謝申し上げます。

さて，２月15日付けのお手紙と，その後のお電話ありがとうございました。先日，ご説明申し上げました通り，私は東京科学大学からの教員交換計画に対しましては，小委員会をつくり，数週間かけて検討し，結論を出すことに致しました。

サマープログラムの可能性に関しましては，私がホームステイの調査を致しました。残念ではございますが，今年の夏には準備をすることが不可能だと存じます。2005年に準備可能になれば嬉しいと考えております。

敬具

ナンシー　ウィルソン
ロンドンカレッジ学部長」

日本語の手紙としては極めてふつうである。日本語では冒頭語が必要である。「拝啓」「謹啓」がそれに相当する。英語のDear...：も冒頭語である。その後は日本語と英語の手紙では形式がまったく異なる。英語はすぐに用件に入る。日本語の手紙では「前文」が必要となる。まず「時候の挨拶」，次に「安否の挨拶」，さらに，場合により「謝辞」が続く。「桜のつぼみがふくらみ始める」のは地域により異なるが，相手の場所を想像しながら「時候の挨拶」を書く。次に，相手が元気かどうか知りもしないのに，「ご健勝のこととお慶び申し上げ」てしまう。こういう表現は日本独特で，英語の習慣にはない。

この手紙文を英語で表現してみよう。

March 20, 2004

Dear Mr Dean:

Thank you for your letter of 15 February and subsequent

telephone call. As I explained the other day, I asked that a small committee examines the exchange plan of professors from the Science College of Tokyo and we will be doing this over the next few weeks.

As regards the possible course in the summer, I have made enquiries about home-stays and I am afraid that I do not think that I can organise anything for this coming summer. I hope that we may be able to arrange something in 2005.

Yours sincerely,

Nancy Wilson
Dean of London College

英文手紙の形式は日本語のそれとは大いに異なる。日付を入れるのは同じであるが，挨拶が違う。

「拝啓」に相当するのは，私信ならイギリス英語でDear Mr Suzuki,「拝啓　鈴木様」，アメリカ英語ならDear Mr. Suzuki,「拝啓　鈴木様」，公用文・商用文ならイギリス英語で，例えば，Dear Mr Dean :「拝啓　学部長殿」，アメリカ英語ならDear Mr. Dean :「拝啓　学部長殿」である。

未知の個人なら「拝啓」はDear Sir : Dear Madam :，会社・団体ならDear Sirs : Dear Madams : になる。その外，相手との親しさの度合いによりDear Father :「親愛なる父へ」，Gentlemen :「親愛なる皆さんへ」等があるが，この場合最初の文字は大文字がふつう。親しい間柄の相手に出す手紙ではDear Koshin,「親愛なる航心君」のように「姓」でなく「名」を使う。Dear John となると「親愛なるジョン」ではなく「(妻や女友達からの) 絶縁状」になるから面白い。

英文手紙と日本語の手紙の最大の相違は，英文手紙ではいきなり用件に入る。手紙の往復の日付等の確認をするのは必要だが「時候の挨拶」や「安否の確認」等は不用。さらに，重要な事項から述べてゆく。つまり，結論を先に述べる。招待状ならいきなり招待する。礼状ならいきなり謝意を述べる。いわば単刀直入だ。用件さえ相手に伝わればいい。

例を示しておく。

(a) 招待状

My brother Shuto is staying with us now. I have planned a party for him on Sunday evening at six o'clock at my house. I should be delighted if you could come to our party. Please let me know if you can join us. (兄の柊人が今我々の所に来ています。彼のために日曜日の夜6時にパーティを私の家で開く計画を立てています。もし貴方に来ていただけたら嬉しく思います。出席できるかどうかお知らせ下さい)

英文招待状では，何の前置きもなしに招待する。そして，いきなり返事を要求する。

(b) 礼状

Thank you for your kind invitation to the party for your brother. I shall be happy to come, because I look forward to meeting him. (お兄さんのためのパーティにご招待いただきありがとうございます。喜んでお伺い致します，お会いするのを楽し

みにしておりますので)

礼状でも必要事項だけをさらりと述べる。余計な修飾語も無用。

日本語の手紙の感覚では素っ気ない気がするが，上のやりとりで十分。かえって焦点がボケない。

社交的言語をどう使い分けるのか

日常の挨拶も，ある意味では社交的言語である。例えば，日本でホテルに宿泊し，翌朝レストランに行くエレベーターの中で他人と一緒の時，大抵の日本人は「……」と無言である。よほどの大都市のホテルを除いて，ヨーロッパではふつうGood morning！と言う。オランダではGoede morgen!，ドイツではGuten Morgen！である。フランスではBonjour!，スペインでは¡Buenos días!，イタリアではBuon giorno！だ。

なぜ日本人はエレベーターの中で無言なのだろうか。それは，挨拶をする必要がないからである。日本は，少なくとも今日まではおおむね単一民族の国である。無言でも社会的には「以心伝心」で，周囲の人を無視しているのでもなく，敵意を抱いているのでもないことは互いに理解できる。

ヨーロッパ諸国では，民族も言語も多彩である。他人に挨拶をすることで相手に対し敵意のない証(あかし)を示そうとするのではなかろうか。特に当事国の言語を使えば雰囲気は和らぐ。これこそ社交的言語の目的，ご利益(りやく)であろう。

社交的言語は人間が社会でコミュニケーションを通じて生きていく術である。How are you？も社交的言語である。もちろんHow do you do？も同様だ。初対面の際How do you do？と言われて黙っているのでは，相手とコミュニケーションはとれない。黙っていても，ニコニコ笑っているのなら，相手は「英語がわからないな！」と都合よく解釈してくれるかもしれない。「ニコニコ」は立派な非言語コミュニケーションに属する。しかし，How do you do！に対して How do you do！と応答すると，コミュニケーションの第一歩が始まり，やがてはより深まる可能性も生まれる。

日本語の挨拶形態もヨーロッパ諸国と大差ない。How are you？に相当するのは「(ご機嫌) いかがですか」である。Fine, thank you. は差し当たり「おかげさまで，元気です」の感がある。ふつう How are you？と聞かれたら，あえて I'm not fine. と答える必要もない。

次の笑い話には気を付けよう。

アメリカに滞在中，ある人が自動車事故で重傷を負ってしまったという。入院中，医者が診察にやってきた。

How are you？

と医者が質問をした。その日本人，思わず答えてしまった。

Fine, thank you. And you？

社会を生き抜く潤滑油であるべき社交的言語も使い方次第では問題を提起する結果にならないとも限らない。

(3) 文の形式

完全な文は不要

言語によるコミュニケーションは完全な文章形式をとる必要は

ない。

英語における Sorry. は I am sorry. の省略で「主語＋be 動詞」が省かれている。Beg your pardon? は「主語」I の省略。他人に対して失礼な行為があった時の詫びの表現で，I am sorry. より丁寧である。また，相手に質問をもう一度繰り返す時等に用いる。Pardon me? と略すこともある。今度は「主語」you の省略だ。Pardon? もあるが，これは You pardon me? の「主語」と「目的語」の省略である。

コミュニケーションは，あくまで双方の意思が互いに通じれば最低条件は満たされる。例えば，タクシーに乗り，行き先を告げる場合

Victoria Station.

と言ったとする。もちろん You go to Victoria Station, please. の意味であるが，タクシーは「人や荷物を目的地まで運ぶもの」という機能を考えた時，後者の表現はむしろ冗長なものとなる。

次に省略のいろいろな場合を考える。一部既述の部分もあり重複するが，形式上の整理のために触れておく。

主語と be 動詞を省略する

日本語では意味の誤解が生じない限り，特に，会話文においては，省略できる語は可能な限り省いてよい。英語には五文型があり，原則として主語や動詞を省くことは許されない。しかし，やはり文意の誤解が生じない範囲において省かれることも多い。

例えば

「私は若い時はタフだったなあ」

は，英語でも

I was tough when young.

と when I was young の「主語＋be 動詞」が省略される。なぜなら I was は主節に表現されているからである。

be 動詞を省略する

英語では be 動詞は主語と補語をつなぐ役割を果たしている。これを連辞または連結詞（copula）という。そして，特に話し言葉において，これは省略されうる。この現象は日本語でも同じである。

「君，はらぺこ？」
「うん，俺，はらぺこ」

後半の文は「うん，はらぺこ」でもいい。これを英語に直そう。正式な表現を使えば

"*Are* you hungry?"
"Yes, I *am* hungry."

である。話し言葉にすると，

"You hungry?"
"Yeah, me hungry."

となる。話し言葉になると be 動詞が省略される。

主語を省略する

日本語では主語が明確な場合は省略するのは周知の事実。英語でもこの現象が時折生じる。

先にあげた

Beg your pardon?（もう一度言っていただけますか）

や

Sounds interesting.（面白そうに思えるね）

の例がこれに相当する。もっとも後者は会話の途中で現われる文である。主語には It「それ」や The story「その話」がくる。つまり，前の話者の話を受けて発せられる主語なし文だ。

次の文はふつう主語を言わない。

Would that he could speak the truth.（彼が真実を話してくれればなあ）

古い文語であり，主語 I が省かれている。would は助動詞でなく動詞で仮定法過去になっている。現在形 will は that 節を伴い「……を欲する」「……を望む」の意味。

また，命令文では通例，主語が省略されるのは誰でも知っている。

動詞を省略する

動詞は「誰がどうする」の「どうする」に相当する重要要素であるから，省略すると文が成立しないはずである。しかし，時と場合によっては省くことができる。

次の日本語を考えよう。

「あなたビール？　あなたビール？」
「ノー。ノー。私はビールじゃない。カンチューハイ！」

何のことか理解できない人もいるに違いない。次の意味である。
「あなたはビールを飲みますか。あなたはビールを飲みますか」
「いえ。いえ。私はビールを飲みません。私はカンチューハイを飲みます」
どうしてそんな事がわかるかですって？　なぜなら，上の会話文はかつてのテレビのコマーシャルだから。
すなわち，画像や文脈から自明ゆえに動詞が省かれることがある。
英語も同じである。

I must to school today. (私は今日学校へ行かなくてはならない)

少々古い英語ではある。100年少し前までは存在していた表現だ。もちろん今日の英語で表現すれば
I must go to school today.
になる。種明かしをする。動きを表わすgo，come，あるいはpass等の動詞は，運動・方向を示す副詞を伴う時には省略されたのである。ただし，前後関係から意味が明白である場合に限られるのはいうまでもない。英語では古語用法になっているが，ドイツ語では今日でもふつうに使用される表現。

Ich muß zur Schule (gehen). (=I must to school.)

英語の go に相当する動詞 gehen は省略されるのが一般的。

次の例文も go や come の省略。

He let the blinds down.（彼はブラインドを下ろした）

He let me into his house.（彼は私を家に入れた）

動詞 let は使役動詞であるから，目的語の後に原形不定詞がくるべき。つまり

He let the blinds *go* down.

He let me *come* into his house.

が原義である。

さらに，場合により原形不定詞でなく「to 不定詞」が省かれることもある。

He permitted me out.（彼は私が外出するのを許した）

動詞 permit は原形不定詞をとらず「to 不定詞」をとる。

He permitted me to go out.

が原義である。permit はラテン語由来である。make，have，let はゲルマン語由来の使役動詞で原形不定詞をとるが，permit は「to 不定詞」をとる広い意味での使役動詞だ。中期英語の時代にフランス語を経て英語になった。

文の重要要素を省略する

日本語でも英語でも同様であるが，文の主語や動詞の外に重要な要素が省略されることもある。特に話し言葉では。

例で示す。

「彼を好きですか？」
「誰が？　私が？」

当然，後半の文は
「誰が彼を好きなのか？　私が好きなのか？」
の意味である。むしろ，話し言葉としては前者が一般的であろう。

これを英語にする。
"Do you like him?"
"*Who* likes him? Do *I* like him?"
が正式英語。しかし，話し言葉では次のようになる。

"Do you like him?"
"Who, me?"

後半の文では，「動詞＋目的語」つまり，主語以外の要素がすべて省かれている。反復を避ける目的からだ。

冠詞を省略する

日本語に冠詞は存在しない。英語では，例えば，「テームズ川」には定冠詞 the がついて the Thames となる。その他の固有名詞，例えば，the Mediterranean Sea（地中海），the Alps（アルプス山脈）のような海や山脈にも the が付く。固有名詞には the が付かないという原則があるにもかかわらずである。こういう論理では英語学習者が迷うのも無理はない。そこで，この原則の発想転換を図ろう。

「ヨーロッパの言語ではすべての名詞に定冠詞が付くのが原則

である」と。たまたま，今日の言語では例外的に定冠詞が落ちる途上にあるのだと。その結果，固有名詞に the が付かなくなった。固有名詞に付く the は過去の遺物である。

定冠詞 the は減少の一途をたどっている。

例を示そう。カッコ内の the は今日では省略可である。

at (the) sight of「……を見て」
in (the) control of「……の管理下に」
in (the) course of time「そのうちに」
in (the) hope of「……を希望して」
in (the) light of「……に照らして」
in (the) line of duty「勤務中に」
on (the) condition that 節「……という条件で」
on (the) grounds of「……の理由で」
on (the) suspicion of「……の容疑で」
on (the) track「本題から離れないで」
(the) chances are that 節「多分……」

形容詞の最上級に付く the が省略されることもある。

at (the) best「せいぜい」
at (the) least「少なくとも」
at (the) most「せいぜい」
at (the) worst「最悪の場合でも」
if (the) worst comes to (the) worst「最悪の場合には」

さらに the dead「死者」のように，「the＋形容詞」で通例複数扱いされる用法がある。dead and living「死者と生者」のように対立関係にある場合に慣用的にtheが省かれることもあるが，単独でも省略されることがある。次は新聞記事からの引用。

Officials announced an ever-increasing number of *dead* as reports came in from remote towns near the epicenter of the quake. (Reuters 電)（公の発表によると，地震の震源地近くの，ここから遠い町の報告が入ってくるにつれ，死者の数は常に増え続けている）

不定冠詞aおよびanに関しても同様に省略される傾向にある。

(a) part of「……の一部」
fall (a) victim of「……の犠牲になる」
make (an) answer「返事をする」
make (a) confession「告白する」
make (a) nonsense of「……をぶち壊す」
take (an) interest in「……に興味をもつ」
take (a) leave of absence「休暇をとる」
with (an) effort「努力して」

この現象は英語独特のものではない。すべてのヨーロッパ言語に共通である。例えば「風呂付きの部屋」を各国語にすると

a room with a bath（英語）
ein Zimmer mit Bad（ドイツ語）

une chambre avec salle de bains（フランス語）
una habitacíon con baño（スペイン語）
una camera con bagno（イタリア語）

となる。英語のみ不定冠詞が付く。しかし，英語でもホテルの部屋を予約する際はa room with bathの表現も一般化している。つまり，英語も近い将来，他のヨーロッパ言語と同様に冠詞が省略されることはほぼ確実である。

前置詞を省略する

日本語に前置詞の考え方はない。英語で前置詞が省略されることは一般に考えにくいが，現実には生じている。

(a) asの省略

次の例を参照しよう。

Florida has *certified* the Republican governor of Texas the winner. (Reuters 電)（フロリダ州は共和党員であるテキサス州知事を勝利者として認知した）

上の文でcertifyは「certify＋目的語＋as＋補語」の文型をとるが，前置詞asを省略することも許されている。

(b) withの省略

次にwithの省略について触れる。

My brain is *crammed* with information.（私の頭脳は情報で

杯だ)

は通常の文である。すなわち「S+V+O」の文型の受動態である。しかし with の目的語に full of が付くと

My brain is *crammed* full of information. (私の頭脳は一杯の情報で詰まっている)

で with は不要となる。つまり「S+V+O+C」の文型となる。

別の例をあげる。

He *provided* me food and drink. (彼は私に飲食物を与えてくれた)

本来ならば, provide「供給する」, supply「与える」, furnish「供給する」の動詞は「V+目的語+with+名詞」の型をとる。しかし, アメリカ英語では二重目的語をとる動詞として扱うこともある。すなわち with の省略である。

(c) in の省略

最後に in を扱う。

He was making progress *gathering* evidence for a trial of former Yugoslav President. (Reuters 電) (彼は前ユーゴスラビア大統領の裁判のための証拠を集める作業を促進させていた)

の文は標準英語では

He was making progress *in gathering* evidence for a trial of former Yugoslav President.

であるはずだ。しかしinは消滅している。

この事実は次の前置詞省略傾向と合致する。

be busy (in)... ing「……するのに忙しい」

have difficulty (in)... ing「……するのが難しい」

have trouble (in)... ing「……するのが大変だ」

spend＋時間・費用を表わす名詞＋(in)... ing「……するのに時間・費用がかかる」

今日では上の用例で，前置詞inは省略される傾向が強い。つまり，省略されると現代的かつ口語的である。inがあれば... ingは動名詞，欠落していれば現在分詞。

「to不定詞」のtoを省略する

ヨーロッパ言語の中で「to不定詞」の形があるのはゲルマン語だけである。ドイツ語の「zu不定詞」に相当する。

例で示す。次の文はいずれも「風呂に入ることは健康的だ」の意味。

To bathe is healthy.（英語）

Bathing is healthy.（英語）

Baden is gezond.（オランダ語＝英語のBathe is healthy.に相当する）

Baden ist gesund.（古いドイツ語＝英語のBathe is healthy.に相当する）

Zu baden ist gesund.（現代ドイツ語－英語のTo bathe is healthy.に

相当する）

Das Baden ist gesund.（現代ドイツ語＝英語の Bathe is healthy. に相当する）

現在の英語では動詞を名詞化する時は「to 不定詞」にするか，動名詞化する。しかし，ドイツ語では動詞の不定形（原形）に中性の冠詞を付けるか，zu を不定形に付ければよい。古いドイツ語では不定形を用いていた。英語でも古い英語では

Bathe is healthy.

のように動詞の原形でもよかった。これは次の諺から推測できる。

Better *bend* than *break*.（柳に雪折れなし＝折れるよりたわむがまし）

Better *stay* than *go* astray.（迷うより現状がまし）

つまり，極端なことをいえば「to 不定詞」は必要なかった。この名残りが英語では至る所に残っている。

The only thing you have to do is *study* English.（君は英語の勉強だけをしていればよい）

You must help him *work*.（君は彼が仕事をするのを助けなくてはならない）

後者はアメリカ英語である。イギリス英語では

You must help him *to work.*

とする。アメリカ英語は古い英語を使っている。

ロマンス語でも「to 不定詞」の形は一般に使用せず，原形不定詞がふつうである。

次の文は「どうぞトイレを使わせてください」の意味。

Please, permit me *to use* your toilet. (英語)
Por favor, permítame *usar* su servicio. (スペイン語)

スペイン語を英語に直訳すると
Please, permit me *use* your toilet.
になる。「to 不定詞」は不要で原形不定詞でよい。

(4) 意味不明語による会話

意味不明語とは

最近，日本語の変化が目まぐるしい。言語の変化が早いということはその言語に活力がある証拠だ。とはいうものの，若者特有の隠語 (jargon) もあるだろう。意味不明の場合も多い。

数年前の話になるが，電車の中で高校生とおぼしい若者が二人で話していた。

「アイツはバカだよ，イカのシッポだよ」
「オレもそう思うよ，イカのシッポだよ」
「ところでさ，昨日オレ風邪ひいちゃってよ，イカのシッポだよ」

「それはマジかよ，イカのシッポだなあ」

何のことか理解できなかったが，とにかく「イカのシッポ」であった。イカのシッポとは何のことか。「イカ」はどう考えても「烏賊(いか)」であろう。「シッポ」は「尻尾」であろう。しかし，烏賊に尻尾はない。そんな事を考えていると頭痛がしてきた。当人らは満足げであった。恐らく，この会話の当事者には新鮮な何かがあったのであろう。ある特定の人間同士にだけ通じる感覚が作用している。その意味では隠語であるが，この「イカのシッポ」はまさに意味不明語である。意味は特にないのだろうが，当事者には何かしらの暗号あるいは感覚が共存しているに相違ない。

これと同じものに「ひらけごま」がある。子供心に「閉じて開かないもの」に対して，なんとなく「ひらけごま」を繰り返した記憶がある。大人になって，「ひらけ」は「開け」，「ごま」は「胡麻(ごま)」であり，「ひらけごま」が「開け胡麻」であることが理解できた。胡麻を開いたところで意味はない。大体，胡麻のような小さいものを開いて何の得があるというのか。

「開け胡麻」は意味のない表現である。しかし，「開け胡麻」がOpen sesame! に由来すると知った途端に意味が開けてくる。「開け胡麻」は『アラビアンナイト』(*The Arabian Nights' Entertainment*) の中の「アリババと40人の盗賊」(*Ali Baba and the Forty Thieves*) の話で，アリババが盗賊の巣窟(そうくつ)を開く際に唱えた呪文(じゅもん)である。呪文であるから意味不明語でいい。しかし，年月が進むにつれて，呪文が意味をもち始めることもある。open sesame は「(成功への) 鍵」「(有効な) 手段」の意味をもつこともある。

Strength is the *open sesame* to happiness.（強さは幸福への鍵だ）

の例文のように。

意味不明語をどう訳すのか

前項にあげた意味不明語に属するものは外にもある。いくつか紹介しておく。

mumbo jumbo とは西アフリカの黒人の守護神 Mumbo Jumbo に由来し，「何を言っているのか理解できない言葉」の意味である。そして

It's *mumbo jumbo* to me.（それは私には何がなんだかわからない）

のように使用する。日本語への直訳は不可能であるが，「チンプンカンプン」といったところであろうか。

hocus-pocus とは手品師が奇術をする際の呪（のろ）いである。17世紀に手品師や魔術師が唱えた呪文でラテン語に見せかけた押韻常套句である。日本語の「チチンプイプイ」くらいの意味。さらに意味が高じて「インチキ」「ごまかし」の意味にもなり，次のように使用される。

I don't believe that *hocus-pocus*.（私はそんなインチキは信じない）

abracadabra は病気や厄払いをする際の呪文で「アブラカダ

ブラ」という日本語になっている。より日本語らしくすれば，やはり「チチンプイプイ」くらいの意味。

このような意味不明語は社会における会話の中で潤滑油の役目を果たし，さらには理解できる人間が限定されるので，仲間意識を育てる働きをする。

意味不明語を認知する

英語のbarbarian「野蛮人」の語源を知っているであろうか。bar-bar「バーバー」と何を言っているのか理解できない言葉を話す人間の意味である。ギリシャ人から見れば非ギリシャ人，ローマ人から見れば非ローマ人，ルネサンス期のイタリア人から見れば非イタリア人を「野蛮人」というのである。

しかし，今や意味不明語が立派に「野蛮人」の意味をもつ語に変身し，広義で「異邦人」「外国人」の意味をもつまでになった。女性でバーバラ（Barbara）という名前があるが，foreign「外国の」あるいはexotic「エキゾチックな」の意味である。

意味不明語の認知について日本語で考えてみよう。

社会機構が複雑になるにつれて，会話も複雑になる。それに応じて機械・器具のハードウェアも発達する。するとインターネットやe-mailのように便利なソフトウェアが開発される。

言語による会話も例外ではない。同じ内容なら可能な限り短時間で済まそうとする。その結果，語句・表現の縮小や短縮がさかんになる。

次の引用はある週刊誌から。

「金融不安　日債銀も旧態然方式で噴き出す不満　銀行は護送船団のまま沈む」

ある記事のタイトルである。「旧態然」は「旧態依然」のつもりである。しかし，四字熟語を短縮しようとする試みは失敗だ。「旧態然」なる表現はその後一度も登場しない。たしかに「旧態依然」なる表現があるから「旧態然」の意味がわからなくもない。しかし，「きゅうたいぜん」はあくまで意味不明語でしかない。

一方，逆に，四字熟語が他の熟語に変化した例もある。「感慨無量」が「感無量」になり「紆余(うよ)曲折」が「曲折」になる。

英語における語句・表現の縮小や短縮の現状はどうだろうか。

英語に whachamacallit なる表現がある。もちろん口語。「既に知っているものであるが，度忘れして名前を思い出せないもの」を指す。つまり，「例のもの」「あれ」「あの人」の意味である。これは what-you-may-call-it「皆さんがそう呼んでいるもの」の発音短縮形である。

また，長い単語を短縮する場合もある。hippopotamus「河馬(かば)」は［hippos「馬」+potamos「川」］の合成語である。短縮して hippo というが，原義は「馬」になる。同様に rhinoceros「犀(さい)」は短縮して rhino という。rhinoceros は［rhino「鼻」+keras「角(つの)」］が原義である。つまり，rhino だけでは「鼻」になってしまうのだが。

さらに，2つの語や句の一部を取り入れて，新たに語句をつくることがある。この現象を contamination「混交」「混成」と称す。できた新語を blending「混成語」とか portmanteau word「かばん語」という。

例として，breakfast「朝食」と lunch「昼食」を合成した brunch「遅い朝食」，smoke「煙」と fog「霧」を合成した smog「スモッグ」，motor「自動車」と hotel「ホテル」を合成したmotel「モーテル（自動車旅行者用宿泊所で，日本語のいわゆるモーテルとは少し異なる）」，European「ヨーロッパ人」とAsian「アジア人」を合成したEurasian「ヨーロッパ人とアジア人の混血児」等がある。日本語も同様。「やぶる」と「裂く」を合成して「やぶく」，さらには日本語と英語との合成もある。「豚（とん）」と「カツレツ」(cutlet) を合成して「トンカツ」，「ゴリラ」(gorrilla) と「くじら」を合成して「ゴジラ」。「ゴジラ」は映画業界ではすっかり世界的に有名になり，英語化してGodzilla。コミュニケーションが十分に行われるのなら使用する言葉は少なく，短いのが効率的である。

第3章　非言語による意思の伝達

非言語による意思伝達とは，言葉を使用せずに意思伝達を行う言語行為である。英語でいう nonverbal communication のこと。言葉を発しないということからすれば silent language「沈黙の言語」といえる。silent language なる用語は，ホール（E. T. Hall）が1968年に著わした *The Silent Language* からの借用である。

非言語による意思伝達は2つに分類できる。一つは，身振り・手振りを用いる身体言語（body language）と称され kinesics「動作学」および paralanguage「パラ言語＝声の質・強弱・テンポ等で意思伝達を図ろうとするもの」を含む。聾唖（ろうあ）者が用いる手話（sign language）もこれに属する。

もう一つの非言語による意思伝達とは，道路標識・看板等の静止物が何かの意図をもち意思伝達を図ろうとするものである。いわば，絵画言語・写真言語（picture language）と呼べる。

一般に，コミュニケーションは話し言葉あるいは書き言葉のみを媒介として行われると考える人がいるかもしれない。この考えは上の記述からみて誤りであることは明白である。

さらに，話し言葉や書き言葉を意思伝達の手段の媒介とするか，あるいは非言語手段を媒介とするかの比率を考慮する時，健常者は特に前者の手段を媒介とする比率が高いと思うかもしれない。しかし，現実には非言語による意思伝達のほうがはるかに多いようである。

非言語による意思伝達の権威であるバードウィステル（Ray Birdwhistell）はこう言う。

Probably no more than 30 to 35 percent of the social meaning of a conversation or an interaction is carried by the word.（恐らく会話あるいは人間の相互関係の社会的意義の30～35パーセント以下が言葉により実行される）

残りの70パーセントくらいはジェスチャー，顔の表情，身体の姿勢等の非言語手段により行われるという。

また，アメリカの著名な心理学者メーラビアン（Albert Mehrabian）はおよそ93パーセントの意思伝達は非言語によるとさえ言う。

非言語による意思伝達は２つに分類することができる。

(1) 身体言語による意思の伝達

先天的身体言語

先天的身体言語とは，人間に生まれながらにして備わっている身体言語である。すなわち，人間が本能的に所有している身体言語である。

例えば，生後数ヵ月の赤ちゃんが手を伸ばして母親の乳房をまさぐる行為を考えてみよう。これは恐らく赤ちゃんが本能的にする行為である。それは「母親のお乳が欲しい」という意思表示である。慣れてくれば，赤ちゃんは学習した結果として乳房をまさぐるかもしれないが，少なくとも最初の行為は本能からのものである。

同様に，赤ちゃんの生後数ヵ月間の行為のほとんどは，先天的身体言語によるものと考えられる。最も興味ある身体言語は，俗にいう「イヤイヤ」だろう。アラブ人の中には「イエス」の時は首を横に振る部族もいるという。しかし，これが事実ならば，それは後天的要因によるものであろう。先天的身体言語としては，「ノー」の時は首を横に振る。そして，個人差はあるだろうが，ふつうの赤ちゃんはある程度の頭脳の発達により「イエス」を縦の首振りで表現する。つまり，「イエス」は後天的なものであろう。「ノー」は赤ちゃんにとって，いやなものから目をそらす本能的な行動である。

その他の本能的な，つまり，先天的な身体言語と思われるものを列記する。これらは赤ちゃんの行動観察から得た結論である。真偽のほどは赤ちゃんに聞かなくてはならないが。

・身を乗り出す＝だっこして欲しい，興味あるものを欲する時
・全身をばたばたさせる＝いやなものを望まない時，抱かれている状態から解放されたい時
・ある物を凝視する＝興味を示す時
・目が輝く＝興味を示す時
・母親のほうに寄る＝母親にだっこされたい時，甘えたい時
・指をなめる＝眠い時，甘えたい時
・笑顔を見せる＝嬉しい時，満足した時
・泣く＝いやな時（泣き方の強弱で嫌悪感の強弱がわかる），要求が通らない時
・調子をとって全身を揺らす＝音楽等を聞いて楽しい時
・ある物を見つめながら，手をその方向へ伸ばす＝見つめている物を欲しい時

・母親の膝に乗る＝抱いて欲しい時，甘えたい時
・抱かれながら，ある方向へ腕を向ける＝その方向へ連れて行って欲しい時

以上の行動は無意識に生じる。

それに代わる意思伝達の方法を習得するから，先天的身体言語は成長するにつれて少なくなる。例えば，目の輝きは年と共に衰えていく。老人になれば新鮮なことは年々減少するからである。

さらに，人間が先天的にもっている特徴がある種の意思表示を示すことがある。もっとも，その種の意思表示を判断する側は後天的要因によって判断するのであるから，赤ちゃんの本能的身体言語とは少々異なるかもしれない。

また，今日の日本と欧米で共通であるが，例えば，ある人は左手でペンをもったり，箸(はし)をもって食事をする。スポーツにおいては「左利き」が有利である場合が多いにもかかわらず，日本人でも古い教育を受けた人は「左利き」を嫌うことが多い。

イスラム教やヒンズー教では，今日でも左手で食物を口に運ぶ習慣はない。古代中国でも左手より右手を尊いものとしていた。なぜか。

英語で「左」は left で，「左利きの」は left-handed という。left は古期英語の lyft に由来した。「弱い」「価値のない」の意味をもっていた。今日では left に悪い意味はないが，have two left feet には「不器用な」「下手な」「疑わしい」「不誠実な」の意味がある。古語用法としては「不吉な」の意味さえある。「不吉な」の意味を本来もつ語に sinister がある。他に「縁起が悪い」「悪い」「邪悪な」の意味もある。古語用法として「左の」の意味もある。sinister はラテン語由来で「左」の意味で，元来

「左」は不吉であると考えられていた。ドイツ語では「左の」はlinksであるが，俗語用法では「不器用な」「ぎこちない」の意味だ。卑語用法では「悪い」「邪悪な」の意味をもつ。フランス語ではgaucheであるが，やはり「不器用な」「ぎこちない」「悪い」「歪んだ」等の否定的意味しかない。

一方，英語の「右」はrightで，「右利きの」はright-handedである。rightは古期英語のrihtから発達し「率直な」の意味であった。今日でもrightに悪い意味はない。right-handedは「片腕となる」「頼りになる」の意味で肯定的意味合いをもつ。ラテン語の「右の」の意味から派生したdexterousは「器用な」「上手な」の意味をもつ。ドイツ語の「右の」はrechtで「正しい」「まともな」の意味をもつ。フランス語ではdroitで「正直な」「正しい」の意味も同時にもつ。

「右の」の名詞形，つまり「正しい物」が転じて「正しい権利」「法」「法律」が英語ではright，ドイツ語ではRecht，フランス語ではdroitになるのは当然だ。

先ほどの疑問が解けたであろう。世界中で「右」は良いもの，「左」は悪いものという観念が蔓延（まんえん）していたのである。その名残りとして，今日でもイスラムやヒンズーの世界では左手は不浄なものとして口にもっていくことは禁じられている。

後天的身体言語

後天的身体言語は，話し言葉と比較すると発達段階は遅い。言葉の意味するものを身振り，手振りで表わすのが身体言語である。何を意味するかを話し言葉で理解して初めて，身体言語を使うことができる。これが後天的身体言語の特徴である。

大きな都市では世界共通であるが，人口の少ない地方都市でも，日本人は道で知らない人同士がすれ違う時，挨拶を交すことはほとんどない。アメリカ人ならば，挨拶をするとか会釈をする。会釈は立派な身体言語である。

日本の場合，近隣同士では挨拶や会釈は頻繁に行われる。もっとも，昔と比較すれば，その度合いは減っている。生活の近代化と共に，近隣同士の付き合いが昔ほど必要でなくなったからであろうか。特に，都会においては。

後天的身体言語は文化により異なる

例えば，Vサイン（V sign）を考えよう。Vサインとは，拳を握り，人さし指と中指でV字形をつくり，手のひらを外側に向ける身体言語である。もちろん勝利（victory）を意味する。第二次世界大戦中に連合軍がさかんに使用した。当時イギリス首相であったチャーチル（Winston Churchill）のVサインが有名であるが，手の甲を外側に向けるものとの連想からか，同時に品の悪い行為として世の顰蹙（ひんしゅく）を買った。イギリスでは手の甲を外側に向けると「怒り」「嫌悪」「軽蔑（けいべつ）」を表わす身体言語になるからだ。すなわち，拳を握って中指を立てる仕草と同じ意味。俗にいうfuckであり，Fuck you！「こんちくしょう」「馬鹿野郎」の意味になる。手の甲を外側に向けるか，内側に向けるかの違いはあまりにも大きい。

一方，アメリカではVサインは「勝利」と「平和」を表わす。ベトナム戦争（1960-75）以来使われている。今日では「承認」「OK」の印にも用いられる。

品が悪い話で恐縮であるが，俗語でfig of Spain「スペインの無花果（いちじく）」あるいは単にfig「無花果」という身体言語がある。パートリッジ（Eric Partridge）の編纂（へんさん）した *A Dictionary of Slang and Unconventional English* には

A contemptuous gesture made by thrusting the thumb forth from between the first two fingers：(親指を人さし指と中指の間に突き出す軽蔑的ジェスチャー)

という説明がある。fig はパートリッジによればスペイン語由来と言っているが，本来はラテン語由来である。イタリア語の figa「女性器」である。

ところで，日本語のＶサインを考えよう。30年くらい前から，日本でもＶサインが一般化した。当時の子供たちは「ピース！ピース！」と言いながら写真をとるようになった。「ピース」は peace の意味。つまり，話し言葉と身体言語を併用していた。恐らくアメリカのベトナム戦争の影響であったと考えられる。しかし，今日では中高年の人でも，写真をとる際にＶサインをつくる場合がある。子供にいたっては，写真をとる際，必ずと言っていいほどＶサインをつくる。むしろ無意識のうちにといってもいいかもしれない。しかも声を出さずに。

身体言語が社会や文化により異なるケースをもう一つ。

日本と欧米における「行け！」と「来い！」の相違である。日本語の身体言語で「行け！」は，腕全体を伸ばし，手のひらを下にして手首を下げ自分のほうから外側に手首を振る。「来い！」は同じ姿勢で手首を伸ばした状態で内側に振る。「行け！」も「来い！」も動作の始まりが違うだけで，類似している。欧米では「来い！」は腕を伸ばし，手のひらを上にして手首を内側に振るが，「行け！」は日本語とほぼ同じだ。すなわち，日本語の「来い！」は欧米の「行け！」と間違いやすいのである。

この身体言語に関して笑えない話がある。

ある日本人が沖縄の海で泳いでいた。名前をAさんとしておく。Aさんは水泳が得意だった。対岸の景色に魅せられ，近づいて行った。すると岸辺にいたアメリカ兵が，しきりに「来い！」と手招きしている。Aさんは不審とも思わず，アメリカ兵に向かって懸命に泳いで行った。アメリカ兵はますます「来い！　来い！」の合図を送ってくる。Aさんは招きに応じようと一生懸命に泳いだ。その時である。兵士は肩に掛けていた銃を構えると間髪をいれず，Aさんに照準を合わせて引き金を引いた。よく見ると，近くの立て札に「立ち入り禁止」とあった。

「行け！」と「来い！」の身体言語が命に関わるという話である。

興味を引くのは中国式の「来い！」の身体言語である。相手が大人の場合には欧米式に，子供の場合には日本式であるという。中国および台湾の留学生に尋ねたが，同様の答えであった。ただし，中国では一般に「行け！」「来い！」を身体言語で表現するのは失礼に当たり，特に東北部ではその傾向が強いという。

後天的身体言語は他文化の影響を受ける

後天的身体言語は他の文化と接触すると，その影響を受けやすい。特に強い文化の影響を受けると簡単に変化する可能性をもつ。

前項の「行け！」「来い！」の身体言語に関して，最近では日本の身体言語も欧米の影響を受けつつある。特に若者にその影響が強い。テレビの中で，彼らは「来い！」の身体言語を欧米式にしている。文化の接触が深まるにつれて，身体言語も強い文化の影響を受けるという証拠である。

外の例もあげよう。

日本の身体言語に，親指と人差し指で円をつくる動作がある。昔から「お金」を表わしていた。しかし，最近ではアメリカ式に「OK」や「その通り」の意味を表わすようになってきている。つまり，他文化の影響を受けて身体言語が変化している。

「お金」を示す欧米の身体言語は，人差し指と親指を擦り合わせ，紙幣を数える仕草である。

さらに，日本における「OK」の身体言語は「まる」である。すなわち，両腕と両手を使って円をつくり，それを頭上にかざす。「満足」「成功」「賛成」の意思表示である。欧米では拳を握り，親指を立てる動作だ。最近の日本の若者はこの欧米式の身体言語を使用することも多い。恐らく，テレビや映画からの物真似であろう。場合により，両手を使用することも多い。年配の日本人には，まるで「指圧」の仕草にしか思えない。

逆に，拳を握り，親指を下げれば，「失敗」「不満」「反対」の意思表示だ。ローマ時代に剣闘士が負けた際，観客が「生かしておくな」の合図で親指を下げたことに由来するといわれている。

身体言語の意味が異なる

身体言語の仕草が日本と欧米で同じでありながら，意図するものが異なる場合がある。

例えばnod「頷(うなず)く」という身体言語がある。首を縦に振ることだ。本来の意味は単に「首を縦に振る」だけである。次の例文から，それがわかる。

He *nodded* in assent.（彼は承知したと頷いた）

He *nodded* to me to show that the meeting was over.（彼は会議が終わったと私に頷いてみせた）

He *nodded* approval.（彼は同意の気持ちを示した）

しかし「頷く」行為には「同意」の気持ちが付随する。すなわちnodには肯定的要素，つまり，「イエス」の気持ちが含まれる。したがって，

He nodded disapproval.（彼は難色の頷きをした）

はふつうではない。こんな時には

He showed disapproval.（彼は難色を示した）

と表現すべきである。

ところが，日本人は他人の話しを聞く際に，頻りに頷く習性がある。「同意」をしているわけではない。「聞いていますよ」の意思表示。この身体言語が欧米人を誤解させる。「日本人はさかんに頷いて同意をしていたのに，最後になってノーという。誠に不誠実な人種である」と。

また，point「指さす」という行為も要注意だ。ふつう，日本人は自分を指す時は人差し指で自分の鼻を指すが，欧米では親指で自分の胸を指す。

日本では他人を指さすことはそれほど失礼ではない。しかし，欧米では他人を指さすことは非常に失礼である。次の表現でそのニュアンスが十分理解できる。

He *pointed* his finger at me.（彼は私を指さした＝彼は私を非難した）

It's rude to *point*.（人を指さすのは失礼だ）

Don't *point* at people.（人を指さしてはいけない）

街を歩いている親子が外国人を見て，子供は指さしながら叫ぶ。

「あ！外人だ」

欧米人が最も嫌う光景だ。最近「外人」は差別用語になっている。外国人と言うべき。なぜ「外人」が差別用語なのか。欧米人は「外人」と言われることに腹を立てるのではない。子供が指さす行為を嫌っているのである。その行為に伴う「外人」の響きに敏感なのだ。

言葉だけに残る身体言語

例えば，put on「(ガスや水道を) 栓を開いて出す」や put out「(ガスや火を) 消す」は，put の原義「置く」を利用して「……を on の状態に置く」「……を out の現状に置く」の意味であり，身体言語そのものを表示している。*The Oxford English Dictionary* (略称 *OED*) によれば put on の初例は1748年，put out の初例は1526年である。やがて文明が進み「栓」の発明で「(ガスや水道を) 栓をひねって出す」turn on や，「(ガスや火を) 栓をひねって消す」turn out は初例がそれぞれ1833年，1884年である。このような言葉と身体言語の一致は崩れ，身体言語が言葉だけに残る場合も生じる。

例をあげる。道路の freeway「高速道路」である。アメリカの西海岸でよく使われる用語である。本来は「道路の両岸の土地所有者の干渉を受けない」意味の free であった。しかし，原義が失われ，今日では「信号等の制限物がない」「無料の」等の広い意味での身体言語になっている。turnpike「有料高速道路」も同様だ。元来 turnpike とは道路所有者が pikc「遮断棒」を設置して，料金を払うと「遮断棒」を「回転させて」車を通したことに由来する。

興味ある身体言語の残骸（ざんがい）はドイツ語に残っている。タクシーを利用して下車の際「お釣はとっておいてください」ということがある。日本なら，お釣を受けとらずに黙って去るのも一種の身体言語である。欧米では次の表現を使う。

Keep the change.（お釣はとっておいてください）（英語）

Behalten Sie den Rest.（残りはもっていてください）（ドイツ語）

Gardez la monnaie.（釣銭はもっていてください）（フランス語）

Quédese con el cambio.（お釣はもっていてください）（スペイン語）

Tenga il resto.（残りはもっていてください）（イタリア語）

各語ともほとんど同じ表現形式である。しかし，ドイツには次の表現もある。

Stimmt so！（これで合いますね＝お釣りはとっておいてください）

上の文はDas stimmt so！（英語のThat is OK！）の省略である。

ご存じであろうが，欧米では買い物の精算は特殊な方法で行われる。つまり，釣銭を渡す際，品物の値段に足し算をして受けとる額まで数える方法である。わかりやすく「円」で説明する。例えば，850円の品物を1000円札で買おうとする。店員は850円の品物に50円を足して900円と言い，さらに100円足して1000円と言う。このようにしてお釣りの150円を渡す。すなわち「品物（850円）＋50円＋100円」と1000円の等価交換の成立というわけである。この時，客は150円を受けとらずにチップとして店員に渡すとする。Stimmt so！は「150円受けとらないで，貴方にチップとして渡せば，計算はこれで合いますね（That is OK！）」の意味。「言葉の上でだけ等価交換をしましたよ」の意味になる。

身体言語が無言で生じる

身体言語が話し言葉を伴わない場合がある。

日本の迷信に「霊柩車（れいきゅうしゃ）を見たら親指を隠せ」というのがある。現代の科学万能の時代においても若者の間に結構残っているようだ。その場合の身体言語は無言で行われる。また，霊柩車が火葬場に行く際と帰る際に同じ道を通らないという習慣がある。迷信であるが，確実に今日でも実行されている。この身体言語は不吉なものを忌み嫌う民間信仰でもある。

これは英米でも同じだ。「霊柩車が引き返す」（A hearse turns back.）は忌み嫌われる行為である。霊柩車がＵターンすると，その家族が１年以内に死ぬという迷信に基づく。

このような身体言語は無言のうちに行われる。以下身体言語が無言で生じる例をあげる。

・手を叩く握手（hand slap）　黒人が初めて使用したとされる。一方が手のひらを上に差し出し，相手が上から手のひらで軽く叩く。この時Give me five.（手を出せよ），Slip me five.（パチンといこうぜ），Gimme some skin.（ピシャリといこうぜ）等の言葉を言うこともあるが，言わない場合もある。「承認」「賛成」の意味。

・抗議の拳骨（げんこつ）を突き上げる（power salute） clenched-fist salute（握り拳挨拶）ともいわれ，差別や不当なものに抗議する際に使用される。1968年のメキシコ・オリンピックでアメリカの黒人選手が表彰台でやってみせた。

・親指による握手（thumb handshake） ふつうの握手の代わりに親指を互いに絡ませる握手で，特別な親密さを表わすもの。地下組織（アンダーグラウンド）仲間で用いられる。

・親指回し（twiddle one's thumbs） 両手の４本の指を組んで，２本の親指をくるくる回す動作で「退屈でやることがない」の意思表示。

・親指と小指立て（Bullshit !） 親指と小指を立て，残りの指３本を握る動作で，相手の話の内容に異議や反対を唱える意味。

・平和なんてくそくらえ（Fuck peace !） 人差し指，中指，薬指を立て，手の甲を相手にむけて「反平和」の意味を表わす。

身体言語を書き言葉で表現する

英語では身体言語を書き言葉で表わす場合も多い。例をあげる。

・歯をくいしばる（clench one's teeth） 文字通り「歯をくいしばり」我慢する様。
He clenched his teeth.（彼は歯をくいしばって我慢した）
日本語と一致する表現である。

・人を指さす（point a finger at a person） 「人を非難する」時の身体言語。

He pointed a finger at her.（彼は彼女を非難した）
先に述べたように日本語では非難の気持ちはない。

・人差し指を唇にあてる（put a finger to one's lips）「人を黙らせる」意味。
He put a finger to his lips.（彼は黙るよう指示した）

・指の間から見る（look through one's fingers at a person）「人をそっと見る」「見て見ぬふりをする」意味。
He looked through his fingers at her.（彼は彼女を見て見ぬふりをした）

・親指を噛む（bite one's thumb）「怒っている」「いらいらしている」意味。
He bit his thumb.（彼はいらいらしていた）

・拳を握り，親指を立てること（thumbs up）「同意」「賛成」「満足」の表現や合図。
Thumbs up！（やったぜ！；いいぞ！）

・拳を握り，親指を立てる（turn thumbs up）「……に賛成する」「……に満足だ」の意味。
We turned thumbs up to the idea.（我々はその考えに賛成だった）

・拳を握り，親指を下げること（thumbs down）「反対」「不賛成」「不満」の表現や合図。
Thumbs down！（ひどいぞ！；とんでもない！）

・拳を握り，親指を下げる（turn thumbs down）「……に反対だ」「……に不満だ」の意味。
We turned thumbs down to the suggestion.（我々はその提案に反対だった）

・胸を叩くこと（breast-beating）「悲しみ」「嘆き」「痛恨」

の仕草。

・胸を叩く (beat one's breast) 胸を叩いて悲しむ。欧米人の特徴であるが，類人猿以来続く仕草かもしれない。
He beat his breast. (彼は胸を叩いて悲しんだ)

(2) 絵画・写真等による意思の伝達

前項では主として，身体言語に関して「動き」を伴う非言語による意思伝達を扱った。ここでは絵画・写真・看板等の「静止」した状態で，相手に意思を伝える方法を考える。

例えば，ドイツの警官が路上で直立不動の姿勢で立っていたとする。ドイツ国民にとっては日常茶飯事の光景である。しかし，イギリス人やフランス人からすれば違和感，あるいは恐怖感すら覚えるかもしれない。とくに年配の人にとって，そうである。イギリスやフランスの警官は，直立不動の姿勢はあまりとらない。制服もブルーである。どちらかというと柔和な印象がある。しかし，ドイツの警官の制服はカーキ色で軍人の服に近い。これは，イギリス人やフランス人にはナチスの兵士に見えるかもしれない。

テレビでしか見る機会はないが，北朝鮮の兵士の制服姿は軍国主義時代の日本兵の姿とイメージが重なる。同じ東洋人同士で，姿・体型が似通っていることもある。その結果，恐怖を感じることがあるかもしれない。

より卑近な例をあげる。今日，少年犯罪が増えている。些細(ささい)なことが原因で殺人事件すら起こる世の中だ。「ガンをツケル」というのがある。「ガンをツケル」は単に「眼を付ける」ということで，「相手の目を見る」意味。これが因縁を付けることになる。

まるでやくざの世界である。

「目は口ほどに物を言う」とか「目が物を言う」の表現が日本語にある。英語にも an angry eye「怒った目つき」や cunning eyes「ずるそうな目つき」, the green eye「嫉妬(しっと)の目つき」のように目は怒ったり，ずるくなったり，嫉妬深くなる。

欧米人は一般に他人と話す時，相手の目を見て話す。日本人は逆に目を見ずに話す。欧米人が相手の目を見ながら話すのは，自己の誠実さを伝えようとする意思表示である。だから日本人が視線を合わせようとしないと，日本人は不誠実であると判断しがちである。日本人が相手を凝視しないのは，恥ずかしいという気持ちと同時に，あまり見つめすぎると失礼に当たると考えるからである。「眼を付ける」ことになるのを恐れるからだ。こういう点でコミュニケーション・ギャップが生じてくる。

絵画・イラストによる意思伝達

バベルの塔（Tower of Babel）以来，世界中の言語が混乱状態に陥った。現代は交通機関の発達に伴い，時間的に地球は狭くなった。いかに英語が世界の共通語になったとはいえ，英語のマスターには最低数年の歳月が必要である。この不便を解消してくれるのが，絵画・イラスト言語である。いわゆる話し言葉や書き言葉を必要とせずに，絵画やデザイン，あるいはイラストで意思伝達を図ろうとするものである。

世界中の国際空港には，最低限の必要事項が絵画やイラストで表示されている。もちろん，現地の言語や英語で表示されているが，利用客のすべてが理解できるわけではない。

例えば，正方形の枠の中に電話の絵が描かれていて，矢印が左方向に向いていれば，「左方向へ進むと電話機があります」の意味だ。正方形の枠にフォークとナイフが十字に交差している絵があり，矢印が右方向に向いていれば，「右方向に進むとレストランがあります」の表示になる。実に便利な表示方法だ。

ある日本人がドイツに初めて滞在の折，公園のトイレの入口にDamen「ダーメン」，もう一方の入口にHerren「ヘーレン」とあった。ドイツ語をまったく理解できない彼は，この表示を「駄目」「入れん」と解釈した。風雲急を告げていた日本人はトイレの脇で用を足し，警察のお世話になったという。できすぎた笑い話である。この日本人，DamenはDame「婦人」の複数形，HerrenはHerr「紳士」の複数形であることを知っていれば，不幸な結果にならなかったのだが。これを絵画・イラスト言語で表示すれば「婦人用トイレ」は枠の中に女性のイラスト，「男性用トイレ」は枠の中に男性のイラストで事足りる。

しかし，絵画・イラスト言語が何を意味するのか理解できなくては役に立たない。この意味で絵画・イラスト言語は，話し言葉や書き言葉によるコミュニケーションの理解が身に付いた後に発達する。つまり，後天的言語の一種である。

絵画・イラスト言語が多く用いられるのは国際空港に限らない。世界中の鉄道，バス等の乗り場や観光地でも同じである。ヨーロッパには多くの言語が入り乱れている。また，方言も多い。これを補完するのが絵画・イラスト言語である。

黒い円形の中に白抜きで「i」の字が描いてあれば，「鉄道案内所」あるいは「旅行案内所」である。「i」は「案内所（information）」の意味である。黒枠の中に大きなトランクの印があり，枠の下に鍵の絵があれば，「コインロッカー」の意味。

道路標識も一目瞭然。二重丸の中に数字があれば，「制限速度」。国によりキロメーターの場合もあればマイルの時もある。

赤い円に水平の白線が入っていれば,「車両の進入禁止」。その国独特の標識・サイン以外はほとんど万国共通。

このように絵画・イラスト言語は必要最低限の意思伝達の役割を果たしてくれる。

数字による意思伝達

数字により,ある程度のコミュニケーションを図ることもできる。

日本語で「119番」といえば,消防車あるいは救急車を呼ぶ時の電話番号を意味する。「110番」は緊急時の警察を指す。

英語も同様である。イギリスで「999番」といえば,日本の「110番」「119番」に相当する。読み方はnine-nine-nine。アメリカでは「911」だ。

さらに,nine-to-five「9時から5時」で「サラリーマンの」の意味になる。転じて「労働意欲のない」の悪い意味にまで発展することもある。算用数字を用いて9-to-5ということもある。nine-to-fiverといえば「サラリーマン」「会社員」だ。さらに「日常的な単純な仕事」の意味もある。サラリーマンを馬鹿にしている気がするが。

単にnineといえばアメリカの野球チームである。

I am in the nine.(僕は野球チームの一員だ)

のように使う。

forty-fiveといえば「45口径のピストル」にも「45回転のレコード」にもなるが,「45回転のレコード」を知っている人は少ないかもしれない。

forty-niner は，しばしば Forty-Niner と表記される。1849年にアメリカのカリフォルニアに黄金を求めて殺到した「採金者」のことだ。ゴールドラッシュ時代のことである。しかし，今ではアメリカン・フットボールのチーム名を思い浮かべる人のほうが多いかもしれない。正式には the San Francisco 49ers. という。

eleven はアメリカン・フットボールのチームで，fifteen はラグビーのチーム。

ラテン語の「2」を表わす duo は，「二重奏曲」あるいは，「(芸人の) 二人組」を意味する。「3」を表わす trio は「三重奏曲」あるいは「(芸人の) 三人組」。

「花言葉」による意思伝達

花に言葉の意味をもたせることがある。いわゆる花言葉。これも一種の絵画言語といってよい。例えば，「バラ」(rose) は「愛」，「百合」(lily) は「純潔」，「オリーブ」(olive) は「平和」，「月桂樹」(laurel) は「栄光」というように。

以下，花言葉の表わすものを述べる。

読者は「ノアの方舟(はこぶね)」(Noah's ark) の話を知っているであろう。旧約聖書創世紀の中の洪水物語に出てくる話である。神が傲慢(ごうまん)になりすぎた人間を罰するために大洪水を起こした時，神の命により方舟で逃げたノアの一家だけが生き残った。つまり，人類第二の先祖である。洪水が引いた際，大地が蘇った証拠として，方舟から放たれた鳩がオリーブの枝をもち帰ったという故事がある。日本のタバコ「ピース」の箱に描かれているデザインは「鳩」と「オリーブの枝」である。この「鳩」は the dove of peace「平和の鳩」で，「オリーブの枝」は olive branch といわれ，共に「平和」の象徴。

オリンピックの優勝者に与えられるのも「オリーブの冠」(olive crown) である。国際連合のスカイブルーの旗にデザイン化されているのも「オリーブの枝」。アメリカの国章である「ハクトウワシ」(bald eagle) が右足で支えているのも「オリーブの枝」だ。色々な面で「オリーブ」は「平和」の象徴なのである。

「月桂樹」もそうだ。花言葉は「栄光」「勝利」「成功」「名声」である。勝利や名誉の印として月桂樹の葉飾りを走者が頭にかぶる由縁だ。冠の形にすれば「月桂冠」。日本では単に酒の銘柄でしかない。win laurels で「栄誉を得る」。laurel の形容詞から派生した名詞 laureate は poet laureate「桂冠詩人」(＝イギリスの国王が任命する王室付きの当代随一の詩人) となる。「ノーベル賞受賞者」は Nobel laureate。

「バラ」に関する花言葉はバラの色によりさまざま。「白バラ」は「愛」「純潔」「貞節」,「赤バラ」は「美」「殉教」,「黄バラ」は「愛の減退」,「青バラ」は「不可能」を表わす。

「百合」について。「白百合」は「純潔」と「処女性」で，聖母マリアの花とされる。復活祭 (Easter) ではキリスト復活の印ともされている。また,「白百合紋章」(fleur de lis) としてフランス王室の象徴になっている。

イングランド及びアメリカの国花は「バラ」である。スコットランドの国花は「アザミ」(thistle) で，花言葉は「厳しさ」。「スコットランドアザミ」の花言葉は「報復」「独立」である。花にまで歴史の怨念(おんねん)を表現させているのだから，スコットランドとイングランドの歴史を彷彿(ほうふつ)させる。ウエールズの国花・国章は「ラッパズイセン」(daffodil) で，花言葉は「敬意」「報われぬ恋」。「ニラネギ」(leek) もウエールズの国花・国章である。

イギリスの田舎でよく生け垣に用いられるバラ科の低木「サン

ザシ」(hawthorn) の花言葉は「希望」である。5月に白あるいは紅色の花が咲くのでmayflowerあるいはmay (tree) とも呼ばれる。キリストがかぶる羽目になった「イバラの冠」はthe crown of thornsであるが，「苦難」「不安」の意味にもなる。ゆえに，花のついたサンザシの枝を家の中にもち込むと病人が出るという迷信もある。

「菊」(chrysanthemum) は皇室の紋章である。皇室の「菊」紋は16弁の花である。年配の人なら「恩賜の煙草」を思い出すかもしれない。英語の「菊」は語源的にはギリシャ語の「金の花」に由来する。日本では馴染みの花であるが，スペイン等のラテン系諸国では縁起の悪いものとされる。

色による言語感覚

色によりある種の意思伝達を図ることもできる。

日本語で「ピンク」(pink) といえば，「桃色」の外に「性的にいやらしい」「好色の」のイメージが膨らむ。「ピンク映画」「ピンクムード」のような術語が頭にすぐ浮かぶ。つまり，英語のerotic「性愛の」「好色な」の意味合いが含まれる。日本語の「ピンク」は英語でいうblue「猥褻(わいせつ)な」「きわどい」「下品な」に相当するが，「ピンク」は欧米では良いイメージしかないことに注意したい。「日に焼けて健康な」「最高の」「極致」「精華」等の意味をもつ。

be in the *pink* of health (とても元気な)
the *pink* of society (社交界の花形)

等の表現から明白である。

「青」(blue) は上に述べた通り，英語の俗語的意味としては「卑猥な」「淫(みだ)らな」の意味や「陰気な」「憂鬱(ゆううつ)な」「気の滅入(めい)った」もあるが，一般的には日本語と大差なさそう。ついでに，日本語での「青信号」「青葉」は，英語では green light, green leaves だ。欧米人から日本人は色覚異常だと皮肉を言われることもある。

「緑」(green) は日本語では良い語感をもつ。農耕民族として緑に愛着を感じるのかもしれない。「新鮮」「溌剌(はつらつ)」の意味が含まれよう。「緑の黒髪」(黒くつやのある女性の髪) のように色彩的には矛盾しているが褒め言葉だ。英語にも young and green at heart「心が若くて元気」のような表現もあるが，どちらかというと「未熟な」「うぶな」「青二才の」等の良くない語感がある。次の用例からわかる。

a *green* hand (青二才)
He is *green* at this job. (彼はこの仕事に未熟だ)
She was *green* with jealousy. (彼女は嫉妬で青ざめていた)

「黄色」(yellow) は，日本語で特別な語感はない。ただ「くちばしが黄色い」の表現で「年が若い」「未熟だ」の意味をもち，「黄色い声」の表現で「女性や子供の声がかん高い」の意味がある。つまり「未熟な」「幼い」のイメージを伴う。英語では「陰気な」「嫉妬深い」の語感があり，俗語では「臆病(おくびょう)な」「腰抜けの」のイメージ。

また，欧米では太陽の色はふつう黄色で描く。朝や晩はピンクか赤色である。日本の子供は必ず赤で描く。「日の丸」(The Rising Sun) のデザインが身に付いている。

「紫」(purple) は日本語では「艶(なま)めかしい」語感がある。僧侶(そうりょ)の服装に関しては「高貴な」のイメージ。英語でも同様で「高貴な」「華麗な」「絢爛(けんらん)たる」の意味をもつ。the purple「王権」「帝位」から推測できる。

「白」(white) や「黒」(black) のイメージは日本・欧米共に同じ語感である。白には「純潔」「潔白」「無垢(むく)」の印象があり，黒は「暗黒」「不吉」「陰険」の語感である。欧米人の「白人」が「黒人」を考える際の意識には，多分に彼らの色に対する感覚が作用しているのかもしれない。日本人が「黄色」といわれる気持ちを考慮すれば，「黒人」の感情も理解できるであろう。

黒人の呼称は一般にはBlackである。1960～70年代にかけて黒人運動のスローガンにもあったBlack is beautiful. (黒は美しい) から理解される通りである。外にcolored「有色人種」もあるが，主として黒人をいう。Negroもある。スペイン語のnegro (黒) に由来するが，今日では黒人に対する蔑称となっているので避けるべきである。イタリア語ではnero (黒) で「皇帝ネロ」は残虐な行為と悪行で知られている。「ネロ」が否定的要因を示す由縁である。

食物による言語感覚

食物，特に果物の種類によりある程度の意思伝達が図れる。

例えば「レモン」を考えよう。日本語では「爽(さわ)やかな」の語感がある。「レモンちゃん」と呼ばれた作家がいる。しかし，英語では良い意味はほとんどない。「不良品」「欠陥品」「くだらない者 (物)」「魅力のない女」「ペチャパイ」「酷評」等々。例をあげる。

hand a person a *lemon*「(人に) 不良品をつかませる」
squeeze the *lemon*「(アメリカの俗語で) 小便をする」
The answer is a *lemon*.「(愚問に対して) 返答は無用だ」

「レモン」が悪い語感をもつ代表とすれば，その反対は「桃」(peach) である。話し言葉で「素敵な物」「素敵な人」の意味になる。

She is an absolute *peach*. (彼女はとても素敵な人だ)
She is *peaches* and cream. (彼女はとても素敵な人だ)

「梨」はどうだろう。欧米では特に意味合いをもたない。ただオーストラリアの俗語では「女性の乳房」を指す。日本語では差別表現になることもある。山形県や青森県等で初めて栽培された「西洋梨」を「ラフランス」という。フランス原産の種である。略して「洋梨」という。これが「用なし」に転じた。「何の役にも立たない」の意味であったという。そこで原産地名を取り入れて「ラフランス」と名付けた。もちろん和製フランス語だ。

動物による言語感覚

代表例として「ライオン」(lion) を最初にあげる。「ライオン」は百獣の王 (the King of Beasts) といわれる。イギリスでは the British Lion と称し，王家の紋章になっている。イギリスには野生のライオンが棲息(せいそく)していたわけでもないのに，不思議である。「勇気のある人」「勇敢な人」の意味もある。「実力者」「名士」の意味もある。日本語と同様に悪い意味合いはない。

日本語では「鶴」(crane) や「亀」(tortoise あるいは turtle) は長

寿の象徴で，「鶴は千年，亀は万年」の言葉により縁起の良いものとされている。「鶴」は日本の航空会社のシンボル・マークにもなっている。しかし，これは日本独特で，外国では縁起が良いとは限らない。北欧諸国では「鶴」は縁起の悪いものとされる。「亀」は現代中国では，同様に縁起の悪いものとされる。

「兎（うさぎ）」は日本語では，特別な語感はない。出雲神話の「因幡（いなば）の白兎（しろうさぎ）」に出てくる「兎」は「狡猾（こうかつ）」な印象を与えるが，今日では悪者のイメージは失せている。恐らく欧米ほど人間との関わりがないからだろう。しかし，英語では「小心者」「臆病者」の感がある。次の句にうかがわれる。

be as timid as a *rabbit*（兎のように臆病な）
run like a *rabbit*（兎のように大急ぎで逃げる）

「熊」(bear) は欧米では「無礼者」「乱暴者」「無作法者」の語感がある。荒々しい，乱暴なイメージ。日本語でも「強くて恐ろしい」「大きな」の語感がある。しかし，アイヌの人たちは「カムイ」といって「神」と同列に置いている。「カムイオポイシオン」といえば「神の子供」でもあり「小熊」でもある。

第4章　異文化間コミュニケーション

近年，日本において異文化間コミュニケーションの研究がさかんになっている。昭和30年代には想像できなかった研究分野である。その頃日本人は特別な場合にしか外国へ行く機会はなかった。今日では毎年一千万人以上の人が外国へ出かける。

このため必然的に異文化に接する羽目になっている。異文化間コミュニケーションが重要な役割を果たす理由である。外国文化にじかに接して初めて外国文化が理解でき，そして日本文化を認識できる。

異文化間コミュニケーションといえば，かつては日英文化間コミュニケーションあるいは日米文化間コミュニケーションであった。ここではさらに広い意味での，日本と欧米間の文化コミュニケーションを扱うことにする。

(1)　男の言葉と女の言葉

a　男女間の言語関係の違いを知る

男女の話し方の一般的特徴とは

人間は生まれた時から男として，あるいは女としての生活を始める。生後2，3年は男女の性差はあまり問題にされない。やがて，第二次性徴期を過ぎると自意識の中で「男」と「女」を本格的に意識し始める。

男女が話す言葉の相違も，年齢の増加に比例して大きくなる。第二次性徴期になると男性は声変わりをする。声帯（vocal cords）が太くなり，低音を出し始める。女性の声変わりは顕著ではない。一般に女性は高い声を出す。時には「金切り声」といわれる鋭く甲高い声を出す。そんな時は感情的であるともいわれる。一方，男性は低音で，一般に女性よりゆっくり話すとされる。

言葉の使用法に関して，女性の話し方は男性に比較して丁寧である。さらに，文法に即しているとされる。どうやら，この特徴は世界に共通のようだ。

女性の話し方はどう変わったのか

なぜ女性の話し方は男性に比べると丁寧かつ文法的なのか。これは社会体制との関係が大きな要因である。「元始，女性は太陽であった」という女性中心の世界が終わり，男性支配の時代が続いてきた。男性が女性の話し方を規制し，女性もそれを受け入れてきた。

これに関し，言語学者フランク（Francine Frank）とアンシェン（Frank Anshen）は *Language and the Sexes*『言語と性』の中で次のように言う。

Men are exercising superior power vis-à-vis women in conversation. Men get to talk more, at times of their own choosing, about topics which interest them. Conversations, then, seem to represent in microcosm the distribution of power in other area of our lives. It is tempting to speculate that superior scores which woman, as a group, exhibit on standardized tests of verbal ability, represent the results of Darwinian evolution. Women need superior verbal skills just to get a word in edgewise. (男性は会話において対女性に関し優位を保ってきた。男性は自分が興味ある話題について，自分の都合のいい時に，より多く話す。こうなると，会話は小宇宙の中で，生活の他の領域での力の分配を表わしているかのように見える。言語能力の標準テストで，女性が全体として示す高得点はダーウィンの進化論の結論を示しているのだということを考えろと言っているようでもある。女性は口を挟む高度の言語技術を必要としている)

男女間における会話で，男性優位である現状は日本でも欧米でも変わらない。日本でも欧米でもウーマン・リブ (women's lib) の運動が存在する限り。ウーマン・リブの運動が終了して初めて，公平な観点から男女間の話し方も平等になるであろう。

男言葉と女言葉の関係を知る

日本語では男言葉と女言葉がはっきり分かれている。

次の英文を考えよう。

I told you that you should not have done such a thing. Do you understand?

この言葉を発した声を聞けば，発言者が男性か女性かの判別はつく。しかし，文を見ただけでは判断は難しい。英語には男言葉と女言葉の区別は日本語ほど明確ではないから。

一方，この文を日本語にする。

「あなたはそんな事をすべきではなかったと私は言いましたね。わかりますか」
「君はそんな事をすべきではなかったと俺は言ったよね。わかるよな」
「あなたはそんな事をしてはいけなかったと言いましたわよ。おわかりになりますね」

日本語の場合，最初の訳では発言者が男性か女性か判別は難しい。第2文は明らかに男性である。ふつう，女性は「君」や「俺」なる呼称は使わない。「……よね」「……よな」の語尾も男性使用である。そして，第3文は女性の発言者である。「……わよ」は女性使用語であるから。

第2文の日本語使用者が女性であったら，驚くであろう。しかし，実は女性の言った言葉である。ただし，日本の医者と結婚したドイツ出身の女性である。この女性は医者がドイツ留学中に知り合い，日本に移り住んだが，近所に親しく付き合う人がいない。話しをするのは彼女の夫だけだったために男言葉を習得したという。彼女は日本に男言葉と女言葉の両者が存在するのを知らなかったのである。仮に，彼女が患者に上のような言葉づかいをしたら，この開業医はつぶれてしまうかもしれない。

読者は男言葉と女言葉の区別があるのは日本語だけと考えているかも知れないが，誤りだ。トラッジル (Peter Trudgill) の *Sociolinguistics: An Introduction*『社会言語学：入門篇』を見ると，区別のある言語の存在を知ることができる。

トラッジルによれば，アメリカ・インディアンのコアサチ語

(Koasati) では，例えば，He is peeling it.（彼はその皮を剝いでいる）は，男言葉では mols，女言葉では mol という。男言葉と女言葉の相違は，外のアメリカ・インディアンのヤナ族（Yana）やスー族（Sioux），あるいはバフィン島（Baffin Island）に住むイヌイット（Eskimo）にも見られるという。

英語は原則的には男女同一の言葉を用いる。しかし，表現の中には女性特有，あるいは男性特有の表現がある。

女性が多く使う表現をあげる。

A *fantastic* dress!（素敵なドレスね！）

女性が他の女性のドレスを褒める時の表現である。

同様の形容詞に beautiful「素敵な」「ハンサムな」がある。

He is a *beautiful* hunk.（あの人はハンサムな男性ね）

のように，beautiful は最近女性間の日常会話で使われ，男性についても使える表現になっている。fabulous「素敵な」も女性が多く使用する形容詞である。この俗語形 fabby「素敵な」はイギリスの若い女性が好む形容詞だ。

また，次の表現も主として女性が使う。

Lovely day, isn't it?（素敵な日だこと）

I had a *lovely* time. A *lovely* dinner.（とても楽しかったわ。素晴しい食事だったわ）

Lovely!（嬉しいわ：ありがとう）

最後の例は，特にイギリスの女性が好んで使用する。Thank you! とほとんど同義である。

さらに

You know.（おわかりでしょう）

も女性が多く使用するという。特に，男性との会話中に男性の協力が得られない時に，注意を自分に引き付けるためにさかんに用いる。

次に男性が主として用いる表現をあげる。

Damn it!(こんちくしょう!)

そもそも，この表現はswearword「罵り言葉」であるから男性が使用する確率は高い。swearwordはfour-letter word(四文字語＝4つの文字からなり，性あるいは排泄に関するもので，通例は人前で使用をはばかる語)でもある。damnは非常に品の悪い語なのでd—n，あるいは，d—と表わすこともある。また，damnを婉曲(えんきょく)に表現するとdarnになる。アメリカの決まり文句に

Men swear, but ladies don't.(男性は罵るが，女性は罵らない)

がある。どうやら，言語の使い方に関して男女の差を認めざるをえない。「男性は罵る」とは男性は悪い表現を多用するということだ。

男性が女性よりあえて悪い表現を多用するのは，どうやら世界共通の傾向であろう。特に，インテリ階級の人が非インテリ階級の人と会話をする際，「強さ」「男らしさ」を共通の理解と考えることがある。非インテリ階級の人は言葉を変えない傾向があり，インテリ階級は非インテリ階級に歩み寄りを見せると同時に「強がり」も見せたいのであろう。

そんな時，男同士ではtoughness「頑強」あるいはmasculinity「男らしさ」を求める傾向がある。それを表わすためにmacho「男らしさ」，machismo「男っぽさ」等の語がある。

アメリカのテレビや映画に登場するEastern "dude"。アメリカ西部の表現で「西部の牧場に物見遊山に，あるいは休暇を過ごしに姿を見せる東部の観光客」のことだ。立派な身なりとインテリ言葉のゆえに西部の人にはsissy「女々しい」と思われている。

標準語における男言葉と女言葉

今日の世界では標準語の概念が変化してきている。

アメリカの標準語（standard English）は中西部（Middle West）の人たちが話す英語とされている。アメリカは移民の国である。国民の国内移動の多い国であるゆえに方言は非常に少ない。もちろん，東海岸を中心とする東部方言，ゆったりした口調の南部方言等もあるが，イギリスに比較すれば言語差は極端に少ない。

イギリスでの標準語はロンドンを中心とした南部方言を基礎としている。具体的にはオックスフォードあるいはケンブリッジのインテリ階級の話す言葉とされている。また，BBC（英国放送協会＝British Broadcasting Corporation）のアナウンサーが使う言葉ともいわれている。これは特にBBC Englishと称されるが，最近ではコックニー（Cockney）が放送語に入ることもあるそうだ。コックニーとは元来，ロンドンのイースト・エンド（East End）地区にあるボウ教会（Bow Church）の鐘が聞こえる区域に生まれ育った人々およびその言葉を指す語であったが，近年ではより広いイースト・エンド全体の方言を話す人々および言葉を指すようになっている。

BBCのアナウンサーの正統派の英語は，時の流れと共に一般大衆には高尚すぎて鼻持ちならなくなってきた。その結果，放送語の大衆化が進んだのである。

日本でも同様の現象が生じている。日本語の標準語は，従来は東京は山手（やまのて）の中流階級の使う言葉とされてきた。今日ではNHK（日本放送協会）のアナウンサーの使用する言語といえるだろう。しかし，近年とみに品が悪くなった。下町の粗野な言葉を使うケースもかなりある。ニュースを読み上げる場合はまだいい。会話

では親しみを出そうという努力の結果かもしれないが，女性のアナウンサーが

「そうなんだ！」

「そうなんだ！」

を連発している。これは男性語であったはず。

街行く若い女性，特に高校生や大学生の女性の言葉には，恐ろしさすら感じる今日この頃である。

「アイツはどうしようもネエナ！」

「今度，ブッバシてヤルカ！」

「デッカイツラすんじゃネエヨ」

「まったくダ，フザケンジャネエヨ」

「チョウムカツクヨナ」

とは恐れ入る。しかも，電車やバスの中で人前をはばかることがない。

要するに男言葉と女言葉の相違がなくなっている。しかも，この種の会話が日本全国に蔓延（まんえん）している。

従来までは，日本の若い女性も社会人になれば，言葉も一変してきた。だが，ここまで変化してしまった以上，女性らしい言葉は復活するであろうか。

日本語でも確実に言葉の unisex「男女両性」化が始まっている。少なくとも，若い女性の言葉が過渡期にあることは否定できない。

b　男女間の言語理解はどう異なるのか

女性は言語を変える

例えば，男性が複数の女性の前で次の発言をしたとする。

「女性が男言葉を話すのはけしからん。もっと女性らしい言葉

を話すべきである」
と。女性側から「性差別主義者」(sexist) と必ず声があがるに違いない。それほど日本女性の性差別に対する意識は高くなっている。特に，若い女性の間では「女が男を選ぶ時代」である。だから「アッシー君」(＝自分の足代わりに男友達の車を利用する際の男友達の呼び名) や「メッシー君」(＝食事をご馳走してくれる男友達) 等の言葉が生まれる。

ヨーロッパでも sexist は槍玉（やりだま）にあげられる。槍玉にあげるのは大抵 feminist「女権拡張論者」である。

このような「フェミニスト」の方針に従い，今日の英語では語彙の修正が進行中である。

chairman → chairperson「議長」
keyman → keyperson「主要人物」
spokesman → spokesperson「代弁者」

もっとも chairman に対する chairwoman (かつては chairlady というのもあった)，spokesman に対する spokeswoman もあるが，性別を避ける時に-person を用いる。男性側からフェミニストを刺激したくないからだ。つまり，男女間の会話を円滑に進めたいという意図が働く。この流れに反抗する不遜（ふそん）な輩もいる。

「女性がそこまで拘泥するなら manhole (マンホール) を womanhole，history (歴史) を herstory，maneater (人食い人種) を womaneater に変えてしまえ」
と。結果として，ますますフェミニストの顰蹙（ひんしゅく）を買う。

ドイツ語やフランス語には文法上の性 (gender) がある。英語にも昔は存在したが，今日ではほとんど捨て去ってしまった。ドイツ語やフランス語からの輸入語の中に痕跡を残している場合もある。

fiancé「男の婚約者」――fiancée「女の婚約者」

protégé「男の秘蔵っ子」――protégée「女の秘蔵っ子」

blond「ブロンドの髪の男性」――blonde「ブロンドの髪の女性」(ただし，現代では男女共 blond を用いることが多い)

brunet「ブルネットの髪の男性」――brunette「ブルネットの髪の女性」(ただし，現代のアメリカでは区別しない)

以上はいずれもフランス語からの流入である。

ドイツ語からの影響もある。

wife「妻」はかつて，代名詞 it で受けていた。これは「妻」を財産とみなした祖先のゲルマン民族の習慣からという説もあるが，恐らく誤りであろう。wife は中性だったから it で受けたのだ。wife はドイツ語の das Weib と同語源である。ドイツ語で，古くは「妻」「女房」を意味した。今日の英語の意味と同じである。現代のドイツ語では軽蔑的に「女」「婦人」の意味である。英語の「妻」「女房」は古いドイツ語の名残りなのである。この混乱は wife の複合語に残っている。fishwife「魚売りの女」や midwife「助産婦」「産婆」は「妻」でなくても「女」であればいい。

英語の child を今日でも代名詞は it で受けるのは，ドイツ語の das Kind「子供」あるいは das Kleinkind「幼児」からの影響だろう。元来，中性だったからだ。赤ちゃんの性別はさほど問題にならないから it で受けるという説もまた説得力に欠ける。ただし，男なり，女なり性別が明白な赤ちゃんは he や she で受ける。これが相互の円滑なコミュニケーションというものだ。

男女間の言語関係と社会的地位はどう関連するのか

社会的地位が関係する男女間の言語関係を考えよう。

次の場面を提示する。アメリカでの例である。

[The scene is New York. The speakers are a police officer and Betty Smith, a thirty-year-old female doctor from Harvard.]

Police officer: What are you doing here, girl? What's your name?

Betty Smith: Doctor Smith, I'm a physician from Harvard. I'm going to the hospital to work.

Police officer: I'm very sorry, Doctor.

[場面はニューヨーク。話者は警官とハーバード大学出身の30歳の女医のベティー・スミス]

警官：ここで何してんの，おねえちゃん？

ベティー・スミス：医者のスミスよ。私はハーバード出身の内科医よ。これから仕事で病院へ行くところよ。

警官：これは失礼致しました，先生。

少し極端な例ではある。年齢が30歳の女性にとりgirlの響きはどんな感じであろう。一般に若さが強調される女性の場合，girlはcompliment（賛辞）になることもあろう。しかし，「医者」としての若さは「賛辞」にはならない。だから，スミスは「医者のスミスです」と名乗ったのだ。警官の態度が「これは失礼しました，先生」と急変する。一人前の女性を「おねえちゃん」と呼ぶのは失礼千万である。

日本でも類似したことが生じている。昭和40年代前半くらいまでは，会社で働く若い女性をBGと呼んでいた。もちろん和製英語である。BGはビジネス・ガールの略語のつもりであった。しかし，business girlのイメージは良くない。俗語で「売春婦」になる。余計なことであるが，1語のビジネスウーマン（businesswoman）「女性実業家」「女性実務家」なら良かったであろう。しかし，2語のbusiness womanは駄目だ。やはり「売春婦」になってしまう。その後はOLと呼ばれるようになった。OLはoffice ladyのつもりだろう。いずれにせよ奇妙な呼称ではある。

さらに，会社では若い女性社員を「女の子」と呼ぶこともある。「女の子」という呼び名は，女性自身が「若さ」を重要視する傾向があることから，この表現を是認していることもあるようだ。しかし「女の子」の年齢制限は何歳であろうか。年配の女性社員が若い男性社員を「男の子」と呼ぶこともある。しかし，いずれにしても「女の子」「男の子」の言葉に尊敬の念は見出せない。

次にフランスにおける男女の言語関係について触れる。

フランスにおける婦人参政権獲得の歴史は1945年からである。アメリカより25年遅れ，イギリス，ドイツあるいはEU（European Union）のほとんどの国より遅い。フランスで女性が夫の許可なく銀行口座を開設できるようになったのは1965年である。この事実を考えただけで，フランスという国における女性の社会的地位が理解できる。今日ではbaccalauréat「バカロレア資格＝大学入学資格」の合格者は女性のほうが多いし，実際の大学進学者も女性が多い。裁判官の半数は女性である。しかし，女性の政界での地位は高くない。フランス語で「政治家」はun homme politique（＝a political man）である。もちろんun politicien（＝a politician）やune politicienne（＝a woman politician）もあるが，政治家を軽蔑する時に使う。いわゆる「政治屋」になる。一般には，やはり，un homme politiqueだ。une femme politique（＝a political woman）は，男性名詞形しかない職業名と併置する際にのみ用いる。

次の新聞記事が上の記述を証明している。

Alain Juppe apponted a record 12 women to his center-right government in 1995.

All but four of the women, who were quickly dubbed the "Jupettes" ("mini-skirts"), were gone in less than six months, fired for alleged incompetence. They had been put in their mostly minor posts, it seems, more as a decoration to seize the attraction of the public than as valued officials.

"In France, political power is the real power, and it belongs to men." Viel said. "It's a closed club, like hunting, you know, where one is free, free to say what one wants, and if there are women, it's bothersome." (AP 電)

(アレン・ジュペ氏は1995年の中道右派の政府で閣僚に12人の女性を登用するという記録を立てた。

すぐさま「ジュペット」〔＝ミニスカート〕とあだ名をつけられた女性たちは，4人を除いて6ヵ月以内に内閣を去った。いわゆる無能という理由で首にされたのである。彼女らは価値ある大臣というより，大衆の注目を浴びるための飾りとして，ほとんどの場合どうでもいいポストにつけられたようにみえる。

「フランスでは政治力は現実の力であり，それは男のものである」とビール氏はいう。「政治は知っての通り狩猟と同じで，閉鎖クラブである。そこでは自由に，本当に自由に好き勝手なことが言える。そして，女性がいると，単に厄介でしかない」)

何という記事であろう。しかし，フランスでの女性の政治的地位を示している。しかも，12人の女性閣僚をjupettes「ミニスカート」と揶揄(やゆ)している。英米人にはJuppet's pets「ジュペのペット」の響きとして聞こえる。あるいは「Jupe＋ette」のニュアンスをもつかもしれない。-etteは名詞の縮小語尾になったり，女性名詞をつくる。つまり「ジュペの代用品」の意味にもなる。-etteは「劣っている」「取るに足らない」のニュアンスを含むので，一般には避けるべき表現である。どう考えても女性差別につながる記事。

フランスの男女間の言語関係は，少なくとも政治の世界ではうまくいっているとは思えない。

(2) 世代間で言葉はずれる

世代間言語関係のずれには，同一社会における祖父母・父母・子相互間の言語関係とギャップ，また異質社会における世代間言語関係とギャップおよび差別関係が含まれる。

a 差別による言語関係

差別の由来

奈良県のある私鉄の駅構内のトイレに落書き防止の小さな看板がかかっていた。恐らく，今でもあるのだろう。「差別の落書きはやめましょう」と。

近畿地方，中国地方，あるいは中部地方出身の人たちには，老若男女とも一見明白な看板であろう。しかし，関東出身の若者には何のことか理解できないかもしれない。年配の人でも理解できない人がいるかもしれない。もちろん同和問題に関する落書き防止の一環である。東京や横浜のような都会では「寝た子を起こすな」式の教育で，同和問題を大きく扱うことはないと思われる。事実，関東では関西ほど大きな問題にはなっていない。関東は奈良や京都から遠く，元々古い都から遠隔の地にあった。「江戸に下る」「東に下る」という言葉で表現されるように，江戸時代でも江戸は一段低い地であるという意識が上方（かみがた）にはあった。そんな遠隔地において人間を差別する問題は，当時の中心地に比較すれば小さかったのであろう。

「上方」という言葉に残る差別意識が心ならずも現代社会に表出したのかもしれない。もちろん，この悪弊を除こうとする落書き防止策であるが，逆に悪弊が身近にあるのを証明している。しかも，この悪弊が，年配者のみならず若者の間にも浸透していることがわかる。なぜなら，年配者は若者ほど落書きはしないであろうから。一日も早くこのような弊害をなくしたい。

同じ民族の日本人でさえ，差別を感じている。日本に住むアイヌの人たちの気持ちは，より複雑であろう。

多民族国家であるアメリカの場合，差別は大きな問題になる。

アメリカはthe melting pot「人種・文化のるつぼ」といわれる。人種や文化が融合・同化された状態をいう。現在では，salad bowlということもある。完全に交じり合うのではなく，棲み分けるのである。

アメリカは移民国家である。1607年にイギリス人が初めてバージニア（Virginia）に渡来した。ジェイムスタウン（Jamestown＝当時はJamescitieと称していた）にである。しかし，その後の渡来者の消息は明確でない。その結果，一般には1620年の清教徒（Pilgrims）がメイフラワー号（the Mayflower）という船でマサチューセッツ（Massachusetts）のコッド岬（Cape Cod）に到着したのを移民の端緒としている。その後はさまざまな民族が自由の天地を求めてアメリカにやってきた。

アメリカに住む民族の主流は，アングロ・サクソン（Anglo-Saxon）を中心とするヨーロッパからの移民である。外に黒人（African-American），ユダヤ人（Jewish），アメリカ・インディアン（Native American），中南米系（Latino），東洋系（Asian American）等の人種がいる。

一つの国家にこれだけの多民族が暮らすのは世界に類がない。それだけに差別は最も避けるべき現象である。「人種差別」は racial discrimination であるが，単に discrimination ともいう。アメリカの「黒人差別」は，特に segregation between races と呼ぶ。白人の黒人への差別である。racism もある。白人は優秀で他民族に対して支配的であるという観念が伴う時の人種差別である。

人種差別を全廃すべきだという理想の中で，現実には大きな差別が存在する。それがアメリカ社会だ。だからこそ現にこれだけの差別の呼称がある。

差別は人間として最も忌み嫌うべきものだ。しかし，現実に存在する以上，実態を把握することも必要ではなかろうか。

呼称による差別の現状

黒人の呼称については，前に少し触れた。アメリカに住む黒人の先祖はほとんどアフリカから奴隷として強制的に連れてこられたが，今日の正式呼称は African-American がいい。1980年代から正しい呼称になっている。Black は差別用語ではないが，嫌がる人もいる。1960年代の Black is beautiful. の運動により，Black は Negro に取って代わった。Negro は学術用語としては用いるが，日常語としては避けるほうがいい。なぜならNegroは民族・言語・文化等の違いを考慮に入れずに単に身体的特徴をいう言葉であるが，今日では侮蔑的に解釈されうるからである。軽蔑語としてはniggerがある。社会的に公の場で決して使ってはならない呼称だ。

ユダヤ人の呼称はJewishかHebrewがいい。Jewは避けるほうがいい。Jewを好まないユダヤ人も多いから。Jewはヘブライ語のユダ（Judahの人）に由来する。ユダはイエス・キリスト（Jesus Christ）を金銭で敵に売った裏切り者のイメージがある。また，Jewには軽蔑的用法として，ユダヤ人以外でも「けち」「守銭奴」の意味がある。

アメリカ・インディアンも最近はAmerican IndianよりNative Americanを使う傾向にある。1968年に発足したthe American Indian Movement（アメリカ先住民運動）により呼称変更を図ったからである。インディアンの語に「被征服民族」のイメージが含まれる。

東洋系アメリカ人に日系アメリカ人（Japanese American）が入る。軽蔑語にJapがある。新聞・雑誌等で見出しの紙面の都合上やむなく使うこともあるが，やはり避ける方向にある。日本人が「和製英語」をJapanese Englishということがある。この表現自体，和製英語だ。正式にはJaplishという。アメリカ人が気を使い，Janglishという場合もある。Japlishの綴字にJapが入っているからだ。しかし，JAPもある。軽蔑的な語であるが，日本人とは無関係。Jewish American Princessの短縮形で，「経済的にアメリカを支配している金持ちのユダヤ系の若い女性」のこと。彼女たちが他人より裕福なことを鼻にかけ，わがままであるのを嫌う表現。

アングロ・サクソン系の白人を批判的に呼ぶ時にWASP (White Anglo-Saxon Protestant) を用いる。イギリスを中心とし，ドイツ，オランダ，北欧系の白人プロテスタントによる支配層の人々を指す。

民族名が動詞になり軽蔑語をつくる

人種差別は撤廃すべきであることは当然だ。しかし，人種が異なると考え方・思考方法が異なることも事実である。その結果，相互に誤解が生じることがある。

民族の名称が動詞として使用され，差別表現が問題提起される危惧（きぐ）もある。しかし，辞書に掲載されているので，差別感がそれほど強くないと解釈して，次の例をあげる。

to dutch	「(アメリカの俗語) 物を台なしにする」
to french	「(俗語) オーラル・セックスをする」「(アメリカの俗語) ディープ・キスをする」「(アメリカの俗語) 無断退出をする」
to gyp	「(特にイギリスの俗語) 人をだます」
to jap	「(アメリカの俗語) 奇襲攻撃をする」
to jew	「(軽蔑的俗語) ひどく値切る」
to scotch	「息の根を止める」「噂をつぶす」「生殺しにする」「くさびで止める」
to welsh	「配当金を払わずにごまかす」「約束を守らない」

ほとんどすべてが軽蔑的表現で，やはり悪い語感を伴う。イングランド人やアメリカ人から他の国民を評価するものだ。興味あ

る事実は，イングランド人も動詞になるが，悪い語感はない。しかも，小文字にしない。

to English　「英訳する；英語を取り入れる」

アメリカ人は動詞にはならない。

当然のことながら，この種の表現は可能な限り使用しないほうがいい。それにしてもイングランド人から見たオランダ人，フランス人，ジプシーの人たち，スコットランド人，ウエールズ人，そして，アメリカ人から見た日本人，ユダヤ人がこのような軽蔑の対象になるとは情けないが，同時に心を引き締める反省材料にはなる。

民族名を使った差別表現

差別意識がある程度，民族間で表出するのは避けがたい。公式の場で表面に出ることはないが，非公式の仲間同士の会話には現われる。

ヨーロッパでは，ラテン系民族とゲルマン系民族との間ではもちろんのこと，同じゲルマン系民族であるイギリス人，オランダ人，あるいはドイツ人の間でも現われる。ラテン系民族のフランス人，スペイン人，イタリア人の間でも同様である。

必ずしも差別表現ではないが，決して推奨すべき表現でないものを次にあげる。再三言っている通り，断じて差別を助長するつもりはないが，それぞれの民族・国民の間で一般化している表現である。

例えば，英語に French leave の表現がある。「無断退出」だ。動詞化すると take French leave という。「フランス人のように挨拶・許可・予告なしに出て行く」意味。18世紀のフランスでは主人に挨拶しないで帰る習慣があったという。しかし，今日では

「フランス人は礼儀をわきまえぬ無礼な国民である」という意識がイギリス人には見え隠れする。また take Dutch leave「(兵士が) オランダ人のように許可なく部署を離れる」もある。この種の表現はフランス人やオランダ人に失礼である。

フランス人も負けていない。s'en aller à l'anglaise「イギリス人のように出て行く＝挨拶もしないで立ち去る」, filer à l'anglaise「イギリス人のようにこっそり出て行く＝挨拶もしないで帰る」の表現がある。英語に直せば take English leave だ。

ドイツ人も戦線に参加する。englischen Abschied nehmen「イギリス人のように帰る」, französischen Abschied nehmen「フランス人のように帰る」で,「挨拶もしないで帰る」の意味。

距離的に近い 3 ヵ国間だけの問題ではない。次の新聞記事はロシアのユダヤ系実業家兼国会議員が大統領の改革案に反対して議員を辞職する際の言葉である。

An Englishman leaves without saying goodbye, while a Jew says goodbye without ever leaving. (イギリス人は挨拶もしないで帰るが，ユダヤ人は帰りもしないのに挨拶をする)

イギリス人は挨拶せずに帰る失礼な習慣をフランス人やオランダ人のせいにする。ヨーロッパ大陸では挨拶をしないで帰るのはイギリス人に決まっている。

さらに興味深い例がある。英語に English disease「イギリス病」がある。1969年に初めて使われた表現である。イギリス経済が停滞した状況を世界がこう呼び，イギリスも自嘲(じちょう)気味に是認した。ここでは別の意味，すなわち，100年前の意味を考える。フランス等の大陸側から，梅毒や気管支炎をこう呼んだ。つまり，フランス語で言えば，maladie anglaise（=English disease）だ。英語では俗語でFrench disease「フランス病」ということがある。

ドイツ人も頑張っている。ドイツ語でdie englische Krankheit（=the English disease）は「くる病」，die Franzosenkrankheit（=the French disease）は「梅毒」のこと。

オランダ語でも同様の傾向がある。Engelse ziekte（=English disease）は「くる病」である。

もう何をか言わんやだ。ヒトラー（Adolf Hitler）率いるナチス・ドイツがイギリスやフランスを相手に第二次世界大戦を引き起こした最大の原因は，このような言語の裏に隠された対立だったのかもしれない。

以下，国民名が入る差別表現，俗語表現をあげる。

Dutch「オランダ人」の付く表現：

- beat the Dutch「不可解なことをする」
- do the Dutch「逃げる」「見捨てる」「自殺する」
- double Dutch「（アメリカの俗語）わけの分からない言葉」
- Dutch cap「避妊用のペッサリー」
- Dutch courage「空元気」「酔った勢い」
- Dutch uncle「ずけずけものを言う人」
- I'm a Dutchman.「首をくれてやるさ」「きっとそうだ」

German「ドイツ人」の付く表現：

- German band「街頭バンド」
- German measles「風疹」
- German goiter「（アメリカの俗語）出っ張った腹」「ビール腹」

French「フランス人」の付く表現：

French abortion「(アメリカの俗語) 嫌悪すべき奴」

French kiss「ヘビー・キス」

French letter「コンドーム」

French measles「風疹」

French postcard「春画」「エロ写真」

French stuff「オーラル・セックス」

Spanish「スペイン人」の付く表現：

Spanish archer「(イギリスの俗語) 恋人のひじ鉄」

Spanish athlete「(アメリカの俗語) 大口をたたく人」

Spanishwalk「(アメリカの俗語) 追っ払う」

Italian「イタリア人」の付く表現：

Italian football「(アメリカの俗語) 爆弾」

イギリスやアメリカから距離・関係が遠くなるに比例して差別用語や軽蔑語は少なくなる。

さらに，ヨーロッパのある国から他国を見る表現を参考までにあげる。

ドイツから見た各国

englisch einkaufen「イギリス式の買い物をする＝盗む」

englisch lispeln「イギリス式にささやく＝甘い言葉をささやく」

ein französischer Kuß「フランス式のキス＝ディープ・キス」

フランスから見た場合

capote anglaise「イギリス式の幌＝コンドーム」

以上の例から考えて，近隣諸国との軋轢を言葉で表現することはやさしい。しかし，それでは隣国と上手にコミュニケーションを保ち，関係を良好にすることは難しい。相互に良好なコミュニケーションを促進するには上にあげた表現は知っているべきであるが，使用は厳に慎まなくてはならない。

b　世代間で言葉の理解に差はあるのか

世代の相違による言語ギャップ

我々は何気なく世代の相違を示す用語を使う。

例えば「男性の子供」を表現する日本語は多い。「坊や」「男の子」「少年」「坊ちゃん」「坊主」，さらに蔑称としては，「小僧」「ガキ」等がある。

一般には「男の子」「少年」である。「坊や」「坊ちゃん」は親しみがこもる。「坊主」になると「いたずら坊主」「やんちゃ坊主」のように親しみや，からかいの気持ちが入る。「小僧」は若い男性をあなどる際の呼称である。しかし，必ずしも若い男性とは限らない。70代や80代で社会で活躍している人，あるいは元気潑剌している人が「40，50は鼻たれ小僧」という。40歳や50歳の男性でも「鼻たれ小僧」になりうる。「ガキ」は「餓鬼」で本来は仏教語。悪業の報いとして餓鬼道に落ちた亡者で，常に飢餓に苦しむという。子供を卑しむ際の呼称である。「うるさいガキだ」という時は，たしかに「卑しみ」の気持ちが入る。しかし「ガキの時分に覚えたことは忘れねえものさ」と自分でいう時は，「卑しむ」というよりは「親しみ」かもしれない。また50歳の人から見れば，30歳の若者は「ガキ」になりうるし，30歳の人からは20歳は「ガキ」になるかもしれない。高校生からは中学生は「ガキ」である。

このように世代間により呼称の概念が変わることはふつうで，文脈により蔑称や親しみを表現することもある。

また「おじさん」や「おばさん」も広い概念をもつ。「おじさん」には「叔父さん」「伯父さん」と「小父さん」がある。「叔父さん」は父母の弟または父母の妹の夫に用い，「伯父さん」は父母の兄または父母の姉の夫に用いる。「小父さん」はよその家の中年男性をいう。蔑称では「じじい」。「爺」から転じたもの。「爺」は本来老年の男性を指す呼称で，「じじい」はそれをぞんざいにいう蔑称である。小学生から見れば30歳でも「じじい」になる。

若い女性が初めて「おばさん」と呼ばれる時はショックらしい。幼稚園に通っている子供からすれば，20歳は「おばさん」であろう。「うるせえ，くそばばあ」は50歳も30歳も，あるいは18歳の女性でも対象になる。

欧米ではどうだろう。次の例文は，Francine Frank と Frank Anshen の *Language and the Sexes* からの引用。

"What's your name, boy?" the policeman asked.

"Dr. Poussaint, I'm a physician."

"What's your first name, boy?"

. . . As my heart palpitated, I muttered in profound humiliation: "Alvin."

(「名前なんて言うんだ，おい？」警官は聞いた。

「プーセン博士です。内科医ですが」
「姓でなく名前を聞いているのさ，おい」
心臓がドキドキしたので，私は屈辱感でこうつぶやいた：「アルビンです」)

警官は白人，アルビンは黒人の設定である。かつてのアメリカ南部ではふつうの職務質問であった。今日でも一部では行われているかもしれない。南アフリカでもかつてありえた光景だ。問題は boy にある。警官は黒人の医者に向かい boy と呼びかけている。立派な大人に対してだ。

一般に呼びかけの boy には諸々の意味やニュアンスがある。

(1)（親しみを込めて）若いの！ (2)息子！ (3)ボーイさん！ ポーターさん！ ウェーターさん！ (4)（親しみを込めて）君！ お前！ (5)（アメリカの俗語で，自分のペニスに向かって）息子！ せがれ！ (6)（アメリカの俗語で黒人に向かい）おい！

先の例文は(6)に相当する。黒人が最も嫌う呼びかけだ。boy は身分関係や文脈，あるいは，世代間でいろいろな感情，言語ギャップを起こす。

さらに，別の例をあげる。old boy になるとニュアンスはどう変化するのだろうか。想像できる訳は「老人」である。しかし「中年の男性」の意味もある。両者に差別感はない。しかし，アメリカ南部では，時に軽蔑的に「おっさん」になる。さらに old を強く発音するとイギリス英語で「卒業生」「同窓生」になる。boy を強く発音するとイギリス英語で「(親しい友達への呼びかけ）やあ！ よお！」になる。つまり，old chap の意味だ。the old boyでは「責任者」「ボス」「親方」の意味にもなる。old manは「(呼びかけ) 親父」「自分の亭主」になる。the old manは「親方」「大将」「ボス」など愛情をこめた呼称になる。

世代間における言語ギャップ

いかなる社会でも世代間における言語理解の断絶はある。文明が進むに比例してギャップは大きくなる。すなわち，ジェネレーション・ギャップは富に比例すると言えるかもしれない。

東南アジアの一部の国は日本ほどギャップは大きくない。なぜなら，親子代々同じ暮らしを続けているから。考え方は年齢で変化するだけで，環境には左右されにくい。一家には絶対的権力を有する家長や長老がいる。一切の風習やしきたりは家長や長老が取りしきる。

日本でも地方に行けば行くほど，古い風習やしきたりが残っている。地縁・血縁が地域を支配する。このような利益共同社会(Gesellshaft「ゲゼルシャフト」) と精神共同社会 (Gemeinshaft「ゲマインシャフト」) が一致する地方では，年配者の影響力は強い。つまり，若年者の力は相対的に弱い。結果として，若者は年配者の意見を尊重する。ジェネレーション・ギャップは起こりにくい。

それに対して，経済力の強いアメリカおよびヨーロッパ社会や日本の都会では，長老政治を維持できない。「経済力」が社会を支配する。すなわち，利益共同社会では「利益」優先である。その結果，ジェネレーション・ギャップは大きくなる。言語の上でもギャップは顕著になりつつある。

アメリカでは老齢ゆえに社会を引退して各種の年金を受けている人をpensioner「年金生活者」という。「高齢者」の代名詞でもある。「高齢の年金生活者」をsenior citizenともいう。old person「老人」の婉曲語である。old personがあまりにも直接的響きをもつことから発生した行政上の用語である。イギリスでは男子65歳，女子60歳以上の退職した年金生活者を指す。アメリカでは行政上65歳以上を指すが，社会通年上は70歳以上を指す場合が増えている。

日本でも年齢による呼称は変化している。かつて，人生は少年・少女，青年，中年（壮年），老年に区分けされていた。ところが，平均寿命の伸びと共に1970年代後半に「熟年」なる語が一般化した。老年の前に位置する人生の時期として。

日本におけるジェネレーション・ギャップの実例をあげよう。

ＯＬ：私ってコーヒー好きじゃあないですか。
課長：ああ，そうなの？
ＯＬ：この間，コーヒー飲みに行ったんですよお。
課長：どこへ？
ＯＬ：銀座ですよ。

OLは20代初めの女性，課長は40代半ばの上司である。

最近，特に若い女性の間で自分の嗜好（しこう）や趣味を述べる際，「……じゃあないですか」式の表現がさかんである。英語でいうなら付加疑問（tag question）。年配の男性には非常に押し付けがましい感じがするという統計が出ている。さらに「……ですよお」「……よ」の表現も目立つ。若い女性には相手に同意を求める気持ち，あるいは，念を押す気持ちがあるのだろう。これまた，年配者には耳障りである。まして同性の年配者には下品に聞こえるのではなかろうか。典型的なジェネレーション・ギャップである。

しかし，次の会話ではどうだろう。

ＯＬ：私はコーヒー好きです。
課長：ああ，そうですか。
ＯＬ：この間，コーヒーを飲みに行きました。
課長：どこへですか。
ＯＬ：銀座です。

この場合には，OLと課長の間に上下関係は感じられない。つまり，会話はよそよそしい。外国人用日本語教科書の会話みたいである。

次はどうだろう。

ＯＬ：私はコーヒー好きでーェ。
課長：ああ，そう？
ＯＬ：この間，コーヒー飲みにーィ。
課長：どこへ？
ＯＬ：銀座にーィ。

こうなるとOLは10代の女性になろう。語尾を「でーェ」「にーィ」と上げると年齢はさらに低くなる。これほど日本語が変化した時代はない。特に，女性言葉の変化が激しい。

さらに，

「彼は変人みたいな」

「彼は変人って感じ」

式の「……みたいな」「……の感じ」という断定を避けて文を終える表現が今日多用される。この形式は必ずしも女性だけではない。断定を避け，相手を傷つけない気持ちが無意識に働くのであろう。自己主張を強くして仲間外れになりたくないという日本の「村社会」の表われかもしれない。

英米でも当然のことながら，この種のギャップはある。

次の文はあるアメリカ人による文である。

If you go to the U.S. as a student, you should dress like an American student. A pair of jeans, a T-shirt, and a pair of sneakers ought to be fine. If you go there on business, a gray suit, dress shirt, dark tie, and a pair of black shoes would be good for a man. For a woman, a conservative dress or a gray pantsuit would be appropriate.

(学生としてアメリカに行くのなら，アメリカの学生と同じ服装をすべきである。ジーンズとTシャツ，スニーカーで十分であろう。仕事で行くなら，グレイの背広にワイシャツ，濃い色のネクタイと黒い靴が男性には適当だろう。女性には地味なドレスかグレイのパンツスーツがいいだろう)

このように，自由な国アメリカでも年齢，職業，男女により一定の服装がある。固定観念は年配者ほど強い。若者にはある程度の許容範囲が認められている。女性にパンツスーツが許されるようになったのは最近のことである。ウーマン・リブの影響もあるだろう。そもそも女性はドレスやスカートを着用すべきであるという考えは，かなり長い間続いてきた。そして時代と共に，女性は肌を露出するようになった。だが，アラブの社会では肌の露出は制限されている。

スカート (skɪrt) には性的な意味も含まれる。「(性的対象としての）女」「性交」の意味もある。skirt chaser「女たらし」やskirt hunting「女性や売春婦を求めること」の表現もある。その結果，女性が自由な動きを求めてパンツスーツを好むようになったと想像できる。しかし，年配の女性は，女性らしさの欠如という理由で若い女性のパンツスーツを嫌うケースも多い。欧米では，年配の女性，とくに年金生活をしている女性がパンツスーツをほとんど着用していない事実から容易に理解できる。若い女性ですら，正装はスカートであることを知っている。彼女らも花嫁姿はドレスである。

⑶ 言葉のイメージは現実理解にどう影響するのか

a 言葉のイメージと現実理解の落差とは

人間がある物に対して抱くイメージには個人差がある。「小犬」を見て，犬好きの人は「可愛い」と思うだろう。犬に噛まれた経験をもつ人は，犬が成長した姿を想像して「いやだ」と思うかもしれない。

同様に，ある物や事に対して異文化間で異なるイメージをもつことがあり，相互のコミュニケーションを難しくしている場合もある。

変化する諺の意味と使い方

諺のイメージを固定観念で考えてはならない例をあげる。また，同一の諺でも，地域により異なる解釈も可能になる。

A rolling stone gathers no moss.（転石苔むさず＝転がる石に

苔は生えない）

イギリスでは「再三再四商売を変えると損ばかりで益することがない」の意味。この解釈が本来の考え方だ。しかし，進取の精神に富むアメリカでは「商売は常に変えているほうが新鮮でいい」の解釈をする。解釈は正反対だ。つまり，国民性により諺のイメージが変化している。

さらに，言葉の意味するイメージ，つまり，言葉の解釈が時代により異なる場合も生じる。

Art is long, life is short. (芸術は長く，人生は短い)

この諺はギリシャの医聖と呼ばれたヒポクラテス (Hippocrates) の言葉とされている。元来は

Life is short, the art long.

であったという。ギリシャ語からラテン語に入り，

Ars longa, vita brevis.

となり，Art is long, life is short. になった。ラテン語の art は元来は「医学」「技術」を意味していたが，今日では「芸術」「美術」を指すようになった。

すなわち誤解から生じた諺の解釈である。この種の誤解は社会生活の地域的変化・時代的変化から常に起こる可能性がある。

日本語の諺についても同じ。

「情けは人の為ならず」

本来の意味は「他人に情けをかけると，巡り巡って自分の為にな

る」ことだが，最近の若者は違う解釈をするそうである。「他人に情けをかけると甘やかすことになるので，情けをかけるべきではない」と。現代の若者が電車内で平然と股を広げながら漫画を読み，その前に老人や妊婦が立つ光景を目の当たりにすると，「情けは人の為ならず」の諺の意味も変化したと考えざるをえない。

「住めば都」

本来は「どんな場所でも住んでいれば慣れてきて住みやすい所になる」の意味だ。しかし，近年は「どうせ住むなら，都会が一番」の解釈だそうである。どうりで日本の田舎は過疎になるわけだ。

以上の日本語例は，日本語の言葉のイメージが変化する過渡期にあることを示す。完全に変化し終わった例もある。

「五月(さつき)晴れ」

元来は「五月雨(さみだれ)の晴れ間」「梅雨の間のからっとした晴れ間」「梅雨晴れ」の意味であった。今の日本で，この解釈をする人はほとんどいない。おそらく9割以上の人は「五月のさわやかに晴れわたった天気」の解釈。

このように言葉のもつ意味が短期間で変化することもある。

次の例は第二次世界大戦が連合軍の勝利に終わった翌日の『ロンドン・タイムズ』(*The Times*) 一面における見出し記事である。

London Gay Again！(ロンドンは再びゲイになった)

韻を踏んだ見事な記事の見出しである。今日の日本人は「ロンドンは戦争が終わって再びゲイ（ホモ）がさかんになった」と解釈するかもしれない。ロンドン・タイムズの「ゲイ」とは今日の「ホモ」ではない。当時は「明るい」の意味であった。gayは古期フランス語に由来し，「明るい」「華やいだ」の意味をもつ。今日のフランス語のgaiである。gaiには「快活な」「陽気な」の他に「下卑（げび）た」「猥褻な」の意味もある。英語には「ホモの」「ゲイ」「同性愛の」の意味がある。今日では「明るい」の意味はほとんど使わない。すなわち「ナチスの攻撃が終わり，もはや灯火管制の必要もなく，再び明るいロンドンになった」の意味だ。gayが「明るい」から「ホモの」に変化するまでわずか50年も経たなかった例である。

言葉が変わるとイメージも変わる

同じ意味でも，言葉の使い方が少し変わるだけでイメージが全く変化することがある。

ある日，西インド諸島のジャマイカ（Jamaica）の土産にTシャツをもらった。シャツの背に次の文が刷り込まれていた。

We *be Jammin.*（我々はジャマイカ人だ）

ジャマイカはイギリス連邦内の独立国である。日本人にはコーヒーの銘柄「ブルーマウンテン」の生産地で有名。この文は標準英語にすると

We *are Jamaicans.*

になる。ジャマイカ方言のJamminは仕方ないにしても，なぜwe areでなく，we beなのか。

英語のこの特徴は，まさにBlack English Vernacular（黒人土着英語）といわれるものである。ふつうはBlack English（黒人英語）という。黒人英語なる方言は黒人間で自然発生的に生じたのではない。アメリカ人に強制連行された黒人の先祖は，初めから英語を会話の道具として使用していたのではない。最初はアメリカ人から強制的に教え込まれた。時代の経過と共に支配者と被支配者の間に使用言語の差が広がっただけだ。支配者であるアメリカ人は本国イギリスの英語に触れ，英語の変化にも追いついていった。黒人は支配者との交流もなく，言語の変化に追いつくことができず，昔ながらの英語を使っていただけのこと。つまり，黒人の英語は古い英語の名残りを有している。we be の be は黒人のみならず，アメリカ英語の俗語・卑語の特徴にもなっている。この観点から見れば，アメリカ英語自体もイギリス英語の変化に追いつくことができず，独自性を保有している。

It is proposed that we *be* useful.（我々は人の役に立たなくてはならないという提案がされた）

における we be はジャマイカ英語の we be と同一の現象。

さらに，次の場合にもアメリカ英語では動詞の原形を用いる。

It is strange that we *be* jealous.（我々がやきもちを焼くのは不思議だ）

両者は標準的な英語にすると

It is proposed that we *should be* useful.

It is strange that we *should be* jealous.

前者のshouldは「要求・提案」のshouldといわれる。つまり，「命令」「要求」「主張」「意向」等を表わす主節に続く名詞節に使用される。後者のshouldは「感情・判断」のshouldという。すなわち，「遺憾」「驚き」「必要」「当然」「判断」等を表わす主節に続く名詞節に使用される。

アメリカの口語ではshouldを用いず，動詞の原形を使用する。つまり，仮定法現在を使用する。イギリスの作家オーウェル（George Orwell）は，これをアメリカ英語の特徴と考え，アメリカ人の仮定法（American subjunctive）と呼ぶ。

なぜアメリカ人が使用すると仮定法現在，ジャマイカ人や黒人が使用すると黒人英語なのか理解に苦しむ。

要するに，we be，you be，I beは単純に古いだけの英語表現なのだろう。イギリス英語では方言扱いされている。特に，イングランドの南西部のコーンウォール州を中心とする地方でI beの形が残っている。さらに，その北部地方ではI binの形さえ残っている。このbinはドイツ語のbinとまったく同一形。英語とドイツ語の関係の深さが如実に理解される。

言葉とイメージの変化について，別の例をあげる。次の英語にどのようなイメージを働かせるだろうか。

What is the difference between a *honcho* and a *tycoon*?（ホンチョウとタイクーンの相違は何だろうか）

「ホンチョウ」と「タイクーン」とは何を指すのか。「ホンチョウ」が日本語の「班長」，「タイクーン」が「大君」の意味だと知ったら，答えるのがばかばかしくなる。tycoonは日本語の「大君」に由来する。文字通り「大立者」である。honchoも確かに日本語の「班長」に由来。朝鮮戦争当時にアメリカ陸軍で使用されたのが始まりという。やはり「大立者」「指揮官」の意味だ。そして

He is the *head honcho* of this project.（彼はこのプロジェクトのリーダーだ）

のように head と重複して用いられることが多い。

日本語では月とすっぽんでも英語化されると，イメージはさほど変わらない。

b　言葉のイメージが理解に及ぼす効果

商品のイメージ：「トイザラス」は恐竜か

多くの人は「トイザラス」が「TOYS“Я”US」であることを知っている。しかし「TOYS“Я”US」が何の意味か知っている人は少ない。

試みに「TOYS“Я”US」を見て，何を連想するか調べたことがある。案の定，最も多い回答は「玩具怪獣」であった。「トイザラス」から toysaur を連想したのである。多くの人が，「恐竜」が dinosaur で，肉食最大の恐竜が「ティラノサウルス（暴君竜）」(tyrannosaur)，背中に剣のような覆いのある恐竜が「ステゴサウルス（剣竜）」(stegosaur) であることを知っている。つまり，-saur が「……竜」であることを知っているのである。

「TOYS“Я”US」は実は1語ではない。「TOYS+“Я”+US」からできている。“Я”はなぜ鏡文字なのか。逆に読めのサインだ。

Us “Я” toys.

すなわち

Us are toys.（我々はおもちゃ屋だ）

の意味。これは非標準英語であるが，俗語表現としては誤りとはいえない。先に述べたが

Thee *has* many books. (汝は多くの本をもっている＝You has many books.)

の文で，thee は目的格であるが主語になっている。meseems「私には……のようにみえる」の me と同じ用法だ。つまり Us are toys. は

We are toys.

の意味。しかし，We are toys. は

We sell toys.

ではないのか。

次の文を参照しよう。

Mr. Johnson sells coffee. Mr. Clinton sells tea. But we are toys. (ジョンソンさんはコーヒーを売っている。クリントンさんはお茶を売っている。しかし，我々は玩具だ)

互いに注文を出し合ったり，順番に業種を言い合う時，時間的に後に言う人は主語「人」と補語「物」を be 動詞で結合できる。

ゆえに Us are toys. は立派に意味が通じる。「我々は玩具屋ですよ」と主張しつつ，「玩具恐竜」をチャッカリ売り込んでいる。この手法はコミュニケーションにおいて最も効果的。

このように，イメージに訴える商品をいくつか紹介する。

・「クリネックス・ティッシュ」(Kleenex tissue)　ティッシュ・ペーパーの一種。日本の市場にいち早く紹介されたので耳に馴染んでいよう。今では

She kleenexed. (彼女はクリネックスで拭いた)

のように動詞化されることもある。アメリカの「キンバリー・クラーク社」(Kimberly-Clark) の製品である。kleenexは「kleen+ex」の合成語。kleenはcleanである。英語の俗語表記でcamel「駱駝」はkamelと表記される。つまり，俗語表記の時「c」は「k」になる。ラテン性からゲルマン性，つまり，庶民性を出すためである。-exはラテン語に由来し，away，from，outの意味。つまりkleenexはclean away「清潔に拭き取る」の意味となる。目的に合ったネーミングだ。しかもラテン語とゲルマン語の融合を図っている。

・「サンキスト」(Sunkist)　アメリカで果実栽培をする「アメリカン・グロワー社」(American Grower) の果実の商標名。sun-kissed「太陽がキスした」の綴りを変化させたもので健康的なイメージがある。

以上はアメリカの商標名や製品名。日本も負けてはいない。

・「シャープペンシル」(Sharp pencil)　1932年アメリカで売り出され，商標名をEver sharp「常に尖っている」といった。この呼称を日本語化して「シャープペンシル」という。今は「シャーペン」と縮めて呼ぶことも多い。和製英語であるが，元は英語から。日本人の知恵である。イギリス英語ではpropelling pencil，アメリカ英語ではmechanical pencilという。

・「サニクリーン」(Sunikleen)　デパートやレストランのトイレに備えてある回転式タオルや玄関マットを製造する日本のメーカー。恐らく「sanitarily+clean」のつもりであろう。

kleenは前述の通り。「衛生的に，清潔な」の意味である。しかし，このネーミングは，日本人には難しい。「サニクリーン」即 sanitarily cleanが頭に浮かぶほど日本人は英語の感覚にすぐれているようには思えない。

言葉が伝えるイメージの広がり

先にあげた「ティッシュ・ペーパー」の歴史は古くない。薄い織物の間に紙を挟むことがあった。この挟み紙を tissue paper とかつては称していた。また物を柔らかく包装するためにも用いられた。*OED* における初出は18世紀後半である。

今日のように液体を拭いたり，鼻をかむために使用されるようになったのは「ティッシュ・ペーパー」の大量生産が可能になったからだ。それまで人は何をもって鼻をかんでいたのか。現代の日本の若者には想像できないだろう。「ハンカチ」だ。英語には blow one's nose with a handkerchief「ハンカチで鼻をかむ」の表現が残っている。日本でも60歳以上の人なら経験があるだろう。現代の日本語では「ハンカチ」と「鼻をかむ」イメージが一致しない。

しかし，フランス語では明確に言葉に残っている。「鼻をかむ」は moucherで，「ハンカチ」は mouchoir つまり「鼻をかむもの」だ。「鼻紙」用のティッシュ・ペーパーは mouchoir en papier「紙のハンカチ」という。

ドイツ語では「ハンカチ」は Taschentuch「ポケット用の布」で，「鼻をかむ」ことと言語的には関係ないが，sich mit dem Taschentuch die Nase putzen「ハンカチで鼻をかむ」の表現はある。「ティッシュ・ペーパー」は Papiertaschentuch「紙のポケット用布」である。

このように，物と物とのイメージが，つまり，上の例では「紙」と「布」がそぐわないのに関係が深いものもある。

別の例をあげよう。

テレビで放映していた話であるが，ある女優は殊の外「ワイン」が好きだという。「私の血はワインでできている」と公言する。こうも言う。「私はエチケットではワインはわかりません。味でならわかります」と。「エチケットでワインはわからない」だと。意味深長な言葉ではないか。

実は「エチケット」はフランス語の étiquette で商品に付ける「ラベル」「レッテル」のことである。英語の ticket に相当する。英語では「正札」「値札」である。女優は「私はワインはラベルでは判断しません。味で判断します」と言っているのだ。言葉のもつイメージが異なっている。

「フランスパン」についても述べておく。フランスパンには2種類ある。皮を堅く焼いた塩味のパンであるが，円いものと棒状の長いパンがある。棒状の長いパンはフランス語で la baguette という。「細い棒」「細杖」のこと。複数形では「箸」になる。

On mange avec des baguettes en Chine.（中国では箸で物を食べる）

あの長いフランスパンが「箸」と同義である。フランスパンの味も信用ならない。イメージで味が落ちてしまわないか。

一言が世界中に同じイメージを伝えることもある。

例えば「ジャンボ」(jumbo)。「大きな物」「大きな人」の意味だ。語源は19世紀の終わりにアメリカのサーカスに登場した象の名に由来する。象は巨大なものの代名詞。サーカスで一躍人気者になったことから，「巨漢」「巨獣」さらに「ばかでかい」「特大の」の形容詞も派生し，jumbo jet「ジャンボ・ジェット機」やJumbo Jack「(アメリカのハンバーガー・チェーン店の）ジャンボ・ジャック」の語が生まれている。世界中の子供ですら知っている語彙。

憧れのイメージは世界共通

自動車の登場は人間の世界観を一新させた。自動車が発明される以前，人間の最速の交通手段は「馬」や「馬車」であった。自動車の商標名が「馬」や「馬車」の名前を拝借する由縁である。

日本の自動車メーカーはcolt「小馬」，stallion「種馬」，canter「馬のゆるやかな駆け足」と銘打った。外国の自動車にもmustang「野生馬」等がある。いずれも「馬」と関係がある。「馬車」に由来するものにchariot「荷馬車」，wagon「荷馬車」，brougham「一頭立て四輪箱馬車」等がある。速いものへの憧憬が感じられる。

どういうわけか，日本車には日本語の名前をあまり付けない。せいぜい「昴（スバル)」「飛鳥（アスカ)」「冠（カムリ)」くらいのものだ。「婆沙羅（バサラ)」もある。

日本車の名称は，ほとんど欧米の言語から借用している。借用先別にまとめる。

- 英語　：civic「市民の」，crown「冠」，cube「立方体」，corona「光冠」，president「社長」，century「世紀」，odyssey「長い冒険の旅」，inspire「鼓舞する」，blue bird「青い鳥」等
- ドイツ語　：Raum「空間」，Platz「場所」等

・フランス語：avenir「未来」，salut「救済」，soleil「太陽」，infini「無限の」，progrès「進歩」等

・スペイン語：largo「長い」，primera「第一の」，turismo「観光」，avante「前へ」，marinos「船員」，gloria「栄光」，lucida「輝かしい」，estima「尊敬」，presea「宝石」，ráfaga「突風」，céfiro「そよ風」，camino「道」，viento「風」，vista「眺め」，serena「静かな」等

・イタリア語：cima「頂上」，carina「可愛い」，corolla「花冠」，altezza「高さ」，alto「高い」，luce「明り」，corsa「駆け足」，cresta「頂上」，stanza「部屋」，piazza「広場」，domani「明日」，vento「風」，libero「自由」，fuga「(音楽用語で) 遁走曲(とんそう)」，premio「賞」，la festa「祭日」，passo「通行」等

・ラテン語　：regius「王の」等

最近はスペイン語とイタリア語が多い。ただし，ラテン語と同じつづり字のものもある。イギリスやアメリカへの憧れが一段落し，さらなる憧憬が英米以外の国に広がったのであろう。スペイン語とイタリア語では，単語が母音で終わることによるのかもしれない。母音で終わるほうが，日本人には発音しやすいのだろう。

さらに興味深いのは，発音も日本人好みに変えている点である。例えば，avenir の発音は [avnir] であるのに [avenir] と勝手に変えている。cima [ti:ma] を [si:ma] に変えている。日本人に親しみやすくしている。infini は発音記号の [ɛ̃fini] を

採用している。

未知への憧れは必ずしも日本人だけとは限らない。ドイツの「南」への憧憬は強いものがある。ドイツ車のGolf「湾」はメキシコ湾を吹き渡る風のイメージだ。ventoもイタリア語で「風」の意味である。最新のboroは「アドリア海を吹く風」の意味。いずれもフォルクス・ワーゲン社の車である。

日常からかけ離れた名称を付け，エキゾチックなイメージをつくり上げ，神秘的なものを求める人間の心理が感じられる。

幼児あるいは子供にとって憧れの対象は母親である。必ずしも「憧れ」「憧憬」ではないと主張する人がいるかもしれない。しかし「必要」「必須」であると同時に，存在なしでは生きられないし，少しは「憧れ」「憧憬」「愛着」はある。父親とは違う。母親は英語ではmotherだが，愛称としてはmamaである。イギリスでは今日，上流階級の愛称でもある。他にma，mam，mamma，mammy，mom，mum等がある。意味としては「ママ」「かあちゃん」。オランダ語は正式にはmoederだが，愛称はmamaだ。ドイツ語は正式にはMutterだ。愛称はMama，Mami，Mamachen等がある。フランス語は正式にはmèreで，愛称はmamanだ。スペイン語では正式名はmadreで，愛称はmama。メキシコやベネズエラではmamaが正式名になっている。イタリア語の正式名はmadreで，愛称名はmammaである。mamma miaは「私のお母さん」。

ヨーロッパ言語で「怒り」「驚き」「感謝」「疑い」「不信」等の感嘆文，祈願文には「神」を使って表現する。

次は「何てことだ」の各語の用例。

My God！=Good God！（英語）

Mein Gott！(英語にすると My God)（ドイツ語）
Mon Dieu！(英語にすると My God)（フランス語）
¡Dios mio！(英語にすると My God)（スペイン語）
Dio mio！(英語にすると My God)（イタリア語）

スペリングによるイメージの変化

笑えない笑い話がある。フランス語をまったく知らない人がパリの町で困っていた。「パン」の言い方がわからなくて，買うのに指さすしかなかったという。後にフランス語では pain [pɛ̃] で発音は日本語の「パン」と似ていることがわかり，はらわたが煮えくり返る気分だったそうである。

日本語のパンはポルトガル語の pão から宣教師を通じて入ってきたとされる。スペイン語では pan，イタリア語では pane だ。ロマンス語はすべて類似している。

一方，英語では bread，オランダ語では brood，ドイツ語では Brot だ。ゲルマン語間でも似ている。しかし，英語には bun もある。アメリカ英語でハンバーガーやホット・ドッグ用の小型パン，イギリス英語でロール・パンや干しぶどうを入れた丸型のパンをいう。中期英語の時代に英語に入ったとされ，語源不明とされる。しかし，中期英語の bunne に由来する事実を考えれば，ロマンス語の一種と考えるべきである。

ここで大胆な仮説を立てる。

「かつてｐとｂは音が同一であった。バベルの塔の崩壊以後に子音が変化した。ｐとｂの文字を比較してもわかる。両者共通の縦の線が下がればｐで，上がればｂだ」

もちろん，後半の文字に関する部分は冗談である。しかし，子音が変化したのは事実であり，これを「子音推移の法則」(consonant shift) という。あるいは，童話で有名なグリム兄弟が発見したので「グリムの法則」(Grimm's law) ともいわれる。インド・ヨーロッパ祖語からゲルマン祖語までの子音の体系的変化と推移を法則化した。

次の変化の過程を見よう。

	英語	オランダ語	低地ドイツ語	標準ドイツ語
「船」	ship	schip	Schipp	Schiff
「水」	water	water	Water	Wasser
「それ」	that	dat	dat	das
「りんご」	apple	appel	Appel	Apfel
「作る」	make	maken	maken	machen
「坐る」	sit	zitten	sitten	sitzen
「5」	five	vijf	fiev	fünf
「天気」	weather	weder	Weder	Wetter

以上の表から，英語，オランダ語，低地ドイツ語，標準ドイツ語間には次の子音関係が成り立つことが理解される。

d～th～t～tt　　p～pp～pf～ff
t～ss～tz　　k～ch　　v～f

しかし，体系的変化を遂げたのはゲルマン祖語だけではない。ロマンス語祖語まで変化している。「パン」まで含めて，変化・推移の過程を調べよう。

	英語	オランダ語	ドイツ語	フランス語	スペイン語	イタリア語
「パン」	bread	brood	Brot			
	bun			pain	pan	pane
「皇帝」	caesar	keizer	Kaiser	césar	césar	cesare
「教会」	church	kerk	Kirche	église	iglesia	chiesa
「急行」	express	expresse	Expreß	express	expreso	espresso
「キッチン」	kitchen	keuken	Küche	cuisine	cocina	cucina
「開く」	open	openen	öffnen	ouvrir	abrir	aprire
「…のため」	for	voor	für	pour	para	per

一般に，ロマンス系の言語で「c」を使うところをゲルマン語系の言語では「k」を使用することは既に述べた。また「b」と「p」の関連も理解できた。

さらに，上の表から次の子音がそれぞれ密接な関係にあることがわかる。

f～ff～v～p～b　　　x～s

さらに，母音まで変化している。これを母音推移（vowel shift）という。母音推移には次の関係がある。

o～ea　　　u～a～ai　　　ae～ei～ai～e　　　u～e～i～ie～
o～oh　　　i～eu～u～ui～o　　　o～ou　　　o～ou～a～e

母音については，すべての音が自由に変化していることがわかる。このようにヨーロッパ言語間では自由に綴字が変わり，綴字の変化で語感も異なる。さらに，それぞれの言語間で音の消滅・追加が生じることがある。

	英語	フランス語	スペイン語	イタリア語
「駅」	station	station	estación	stazione
「スペクタクル」	spectacle	spectacle	espectáculo	spettacolo
「コンパートメント」	compartment	compartiment	compartimento	scompartimento

すなわち，スペイン語やフランス語ではe-やé-を，イタリア語ではs-を接頭辞として使用することがある。先に述べたワインの話の「エチケット」も接頭辞のéであった。

「エル」と「アール」の発音で変わるイメージ

しばしば日本人は「l」と「r」の発音の区別ができなくて，コミュニケーションがうまくいかないケースがあるといわれる。もちろん冗談半分の話ではあるが。つまり，我々日本人はrice「米」「ご飯」の発音がlice「(昆虫の) シラミ」「(鳥，魚，植物の) 寄生虫」になるという。liceはlouseの複数形だ。日本人の主食は「シラミ」や「寄生虫」か。

現実にこの種の誤解はない。日常の会話で何の前提もなしにriceやliceが話題にはならない。何らかの文脈で使用される場合が多い。

実は，英米人も「l」と「r」の区別はできていない。そのことに彼ら自身気付かない。「スモモ」や「プラム」は英語ではplumである。干して柔らかくし，食べる時にはpruneになる。同じ食べ物，同じ語源である。いつの間にか「l」が「r」に変化した。

grammar「文法」と glamour「魅力」もそうだ。grammar は元来「魔法」の意味であった。glamour は grammar のスコットランド形である。

英米人だけではない。ヨーロッパでも混乱は続く。

「かばん」はスペイン語では bolsa である。イタリア語では borsa だ。元来 borsa は後期ラテン語の bursa に由来する。つまり borsa が正しいはずであるが，スペイン語は「l」に変えている。

日本人が英米人に皮肉を言われる筋合いはない。「l」と「r」の発音に気を取られる必要もない。

(4) 表現の違いが意思の伝達にどう影響するのか

日本語やヨーロッパ語には表現の相違を利用して相互でコミュニケーションの程度を深くしたり，軽くするものがある。

a 反対表現による意思の伝達

日本語とヨーロッパ語は成立過程が異なるが，互いの表現方法も異なる。特に，英語の初学者はその相違に驚くであろう。

日本語と英語は表現方法が反対

英語は語順が大事であることは既に述べた。それゆえに語順言語であることにも触れた。

代名詞の使用語順も，日本語と英語では反対になる。

「私と正と祐人は昨日公園に行った」

は，英語では「私」が最後の順番になる。

Tadashi, Yuto and I went to the park yesterday.

のように。日本語は語順に拘泥しないから「私」の順番は自由だが，ふつうは最初である。また，副詞の語順も反対になる。

「彼は昨夜6時に私の家に来た」

は「6時に昨夜」も可能であるが，ふつうは「昨夜6時に」の順だ。英語では

He came to my house at 6 o'clock last night.

とふつうは「6時に昨夜」の語順が決まっている。このように「反対意識」は文法面でも表現面でも多くある。

次の笑い話は傑作だ。

先生　：日本語と英語は表現が逆になることが多いね。
大学生：例えば，どういうものですか。
先生　：そうね。「卒業式」はふつうは graduation だが，アメリカ英語では commencement だ。本来の意味は「開始」「始まり」の意味だね。つまり，人生のスタートだ。日本では社会人になると勉強しないで遊んでばかりいる。「卒業」とは「学問を終える」ことだが，アメリカでは「これから始める」となる。
大学生：なるほど。外にありますか。

先生　：あるね。「剝製(はくせい)の鳥」は「皮を剝(は)いでつくった鳥」だよね。英語では stuffed bird だ。「中に詰め込んだ鳥」になる。

大学生：先生，やっと疑問が解けました。中学生の時からの。日本語の「道路（ドーロ）は英語の road（ロード）から来ているのですね」

先生　：えっ？

日本で選挙の際，信任投票では被選挙人の上に○を付ける。英米では×を付ける。×'ing とか× one's ballot「投票用紙に×を付ける」ともいう。

また，手紙の最後に×をつけるとキスマークになる。さしづめ「愛をこめて」になる。

掛け算の印も×である。

Four times two is eight. (4×2＝8)
英語では「2の4倍は8」，日本語では「4の2倍は8」と考える。

反対のコミュニケーションは若者の流行語にまで及んでいる。

若い娘A：昨日，吉永小百合を見たよ。

若い娘B：ウッソー！

若い娘A：すっごく若かったよ。

若い娘B：ウッソー。

英語の会話にしよう。

Young girl A：Yesterday I saw Sayuri Yoshinaga.

Young girl B：Really？

Young girl A：She looked very young.

Young girl B：Really？

「ウッソー」は「嘘」の俗語である。英語では Really？「本当かい」や Not really？「まさか」に相当する。英語の It's a lie. は「嘘だ！」の意味だが，強い非難の感情が入る。

You are telling a *lie*.（君は嘘を言っている）

You are a *liar*.（君は嘘つきだ）

と言われたら侮辱の言葉と解釈できる。日本語の軽い気持ちの「嘘！」とは違う。ちなみに，日本語の「真っ赤な嘘」は「まったくの嘘」であるが，英語の a white lie「罪のない嘘」に近い。a black lie「悪意に満ちた嘘」もある。「嘘」の色も日本語と英語では対照的。

「行く」と「来る」は日本語と英語で正反対

何と言っても，日本語と英語の表現で最も異なるのは「行く」と「来る」の使用方法であろう。場合によってはコミュニケーションがとれないどころか，生死に係わる問題に発展しかねない。

次の会話を見よう。

"Hanako, dinner is ready."

"OK, Mom, I'm *coming* right away."

（「花子，夕飯ですよ」「はい，お母さん，すぐ行きます」）

とかく日本人は「すぐ行きます」を

I'm *going* right away.

と言う。go と come は誤りやすい。go は話し手を中心にした言葉で，出発点を中心に考える。したがって

「はい，私は（他の場所，例えば，友人等の所へ）すぐ行きます」

の意味になり，花子は夕飯を食べられないことになる。come は話し手のほうへ移動する際に用いる。つまり，上の会話文では「花子は『花子！』と声をかけた人物（母親）のほうへ向かって行く」ことになる。

また，come は相手を中心にして相手の思う場所に移動する時にも用いる。この場合も日本語では「行く」が当てはまる。

"Hanako, I'm *going* to the museum today."

"Can I *come* with you, Mom?"

(「花子，今日博物館へ行くよ」

「お母さん，私も一緒に行っていいかしら」)

さらに，come に副詞や前置詞の付いた成句で，日本語では「いく」「行く」に相当するものもある。

How are you *coming* along with your work? (貴方の仕事はうまくいってますか)

I'll *come* on later. (私は後から行くよ)

電話の応対にみる反対表現

電話の応対も日本語と英語で反対の場合がある。日本語の「そちら」(that) が「こちら」(this) になる。

"Is *this* Mr. Miki?"
"Yes, *this* is Mr. Miki."
"Is *this* Yuto?"
"Yes, *this* is he."
(「そちら，三木さんのお宅ですか」
「はい，こちら三木ですが」
「そちら，祐人さんですか」
「はい，本人です」)

アメリカ英語の電話における「そちら」「こちら」は，いずれも this を使う。イギリス英語では
Is *that* Mr Miki?
のように that を使う。
フランス語では「そちら」も「こちら」も ce を使う。

C'est bien M. Suzuki?
Oui, *c*'est Suzuki qui parle.
(「そちら鈴木さんですか」
「はい，こちら鈴木です」)

c'est は ce-est の短縮形で英語の this is，that is に相当する。
参考までに
C'est Suzuki qui parle.
を英語に訳すと
This is Suzuki who speaks.
になる。正しい英語は

This is Suzuki who is speaking.

である。フランス語には進行形がない。

英語での電話応対の

This is Suzuki speaking.「こちら鈴木です」

の原型は This is Suzuki who speaks. と This is Suzuki who is speaking. の折衷であることが理解されたであろう。

ドイツ語では「そちら」(dort＝英語の there)「こちら」(hier＝英語の here) を日本語と同じく使用するが，副詞として使う。

Wer ist *dort*?

Hier spricht Suzuki.

(「そちらどなたですか」

「こちら鈴木です」)

参考までに上の会話を英語化すると

Who is *there*?

Here speaks Suzuki.

になる。英米の表現とは異なる。日本語表現に近い。

英語同士で反対のケース

イギリス英語とアメリカ英語で表現する意味が反対のケースも多々ある。

イングランド北部のマンチェスター (Manchester) を歩いた時のことである。路上に subway の表示があった。「ほう，マンチェスターにも地下鉄があるのか」と思いつつ「地下道」を通り抜けた。行けども，行けども「地下鉄」はなかった。イギリス英語における subway は「街路横断用の地下道」。イギリス英語での

「地下鉄」はundergroundだ。口語では，かまぼこ型のトンネルを走るのでtubeの愛称が付いている。ロンドンの地下鉄はthe Tubeだ。

一方，アメリカ英語で「地下鉄」はsubwayで，「地下道」はundergroundである。イギリス英語と正反対だ。混乱を生じかねない。もっとも「地下道」はunderground passageやunderpassもあるので，誤解を避けることもできる。

しかし，考えてみるとundergroundもsubwayも同じようなもの。共に「地面の下」の意味。前者はゲルマン語系で後者はロマンス語系だけの相違だ。underはゲルマン系の語で「下」，groundもゲルマン語で「地面」の意味。ロマンス語のsubは「下」，wayは古期英語から「道」の意味であり，古代ローマ人が造った「街道」を表わしていた。

次の笑い話もある。

あるイギリス人が友人のアメリカ人の家庭に招待された。もちろん，夫人同伴で。日本では初対面の挨拶を終えると，ホスト側の奥様はそそくさとキッチンへ消える。英米では互いの挨拶の後，十分世間話を済ませてからキッチンへ入る。

さて，食事の用意もでき，4人で楽しく語り合い，宴もたけなわ，友人であるアメリカ人の奥様がかいがいしく働く様子を見て，イギリス人が口にした褒め言葉が悪かった。

Your wife is very *homely*.（奥様は実に家庭的な方ですね）

それまでの和やかな雰囲気は一変。沈黙だけが残った。何たる屈辱。アメリカ人は「自分の妻は不器量だ」と解釈した。

イギリス英語でのhomelyは賛辞で「家庭的」「気持ちが良い」

の意味。アメリカ英語では「不器量な」「魅力のない」。

電話の場面でも誤解が生じる恐れがある。電話の交換手が

Are you *through*?

という。イギリス英語では「電話はつながりましたか」。アメリカ英語では「電話は終わりましたか」になる。

現実には

You are *through*. I will put you to Mr Suzuki.

(「先方がお出になりました。鈴木さんにおつなぎします」)

のように交換手は言うであろうから，誤解が生じる恐れは少ないだろうが。

最後にもう一つだけ例を示そう。

アメリカ英語の俗語でbombは次のように使われる。

The drama was a *bomb*. (その芝居は大失敗だった)

bombは「大失敗」「どじ」の意味がある。イギリス英語の俗語では反対に「大ヒット」「大成功」の意味もある。

The song *went like a bomb*. (その歌は大ヒットした)

のようにgo like a bombの慣用句はイギリス英語で「事がうまく運ぶ」「成功する」の意味になる。

英語の中の矛盾表現

アメリカ英語やイギリス英語に関係なく，同じ言語にもかかわらず意味が反対になるという，ふつうは考えられないものもある。

例えば，flammable「可燃性の」「燃えやすい」「引火性の」という語がある。flame「炎」から派生した形容詞だ。flammable gasといえば「可燃性ガス」である。接頭辞in-はラテン語起源で「不…」「非…」「無…」「欠…」等の反対語をつくる。expensive「高価な」「費用のかかる」の反対語が inexpensive「安い」「費用のかからない」であるように。しかし，inflammable は「不燃性の」の意味はない。矛盾しているが「可燃性の」という意味だ。語源からすれば flammable より inflammable のほうが古い。間違う人が多いので flammable を使う場合が多い。しかし，美文調では inflammable を使う。「不燃性の」「非引火性の」に相当する語は nonflammable。

valuable と invaluable も同様の関係にある。valuable が「貴重な」「大切な」の意味であるから，invaluable は反対の意味で「価値のない」になるはずであるが，現実には「非常に貴重な」の意味。

まだある。rest は「休憩」「休息」の意味。形容詞は restive で，-ive は傾向，性質，関係，機能等を表わす接尾辞であるから「休憩の」「休息の」の意味になるはずだ。しかし restive は逆の意味で「落ち着かない」「不安な」の意味。つまり restless と同義語になる。restive は元来は「静止した」「急に止まって動かない」の意味であった。そこから「頑固な」「強情な」「手に負えない」の意味に転じ，さらに「落ち着かない」「不安な」の意味になった。

反対表現が欠けることもある

言語の中には表現が片手落ちのケースもある。すなわち，一方の表現だけしかなく，反対表現が欠けている場合だ。

例えば

He is a *big shot*. (彼は大物だ)

あるいは，著名人がかつてはかつらをかぶったことから

He is a *bigwig*.

ということもある。a big shot は俗語で「大物」だが，「小物」に相当する a small shot はない。small fry という。

「悪行」は evildoing，あるいは wrongdoing であるが「善行」に相当する gooddoing，あるいは rightdoing は英語にない。good deed あるいは good conduct だ。

同様に half-wit は「まぬけ」「うすばか」の意味であるが，full-wit「頭の回転が速い」は存在しない。

イングランド南部の丘陵地帯を the Downs という。the downs と小文字で表わすこともある。なだらかな丘陵地帯を downland という。読者は highland の間違いと思うかもしれない。highland は「高地」で the Highlands は「スコットランド高原地方」になる。down は「丘」の意味だったのだ。時が流れるうちに「丘を越えた地点」に意味が変わり「下に」とまったく意味が反対になってしまった。

数学には「正」と「負」の考え方はあるが，日本語には「マイナス５メートル上がる」の表現はない。したがって「５メートル下がる」という。

英語にも原則的には「正と負」の考えはない。例外的に

climb down「下に登る＝降りる」，Back to the Future「未来に戻る（＝映画の題名）」，travel back「過去に旅を進める」

の表現も使われるけれども。ドイツ語には absteigen「下に上がる＝降りる」，abknöpfen「ボタンをマイナスにかける＝ボタンを外す」のマイナス表現がある。ドイツ語が理性的な言語といわ

れる由縁だ。

b　反対イメージ表現を利用する

言語には反対イメージをもつ語を利用して，表現を強調する方法もある。この現象は世界共通である。

否定語の誤った用法

否定語の使用方法をあえて誤って用い，表現を強めることがある。

最近の日本語の乱れは著しい。しかし，若者に違和感はない。次の例文はどうだろう。

「昨日の映画はチョウ良かったな！」
「うん，全然良かったさ」

年配者が耳にすれば，若者の表現を嘆くであろう。しかし，この表現は一般化している。

若者の間では「まったく」「非常に」「まるっきり」「すっかり」はすべて「チョウ」の一言で足りる。本来は「超」の意味であるが，おそらく「チョウ」は「超」を超えた普遍妥当性を有していると考えられる。

「全然」は本来否定的意味の語句を伴い「まったく」「すっかり」の意味で使われてきた。「全然良くなかった」「全然駄目だ」のように。しかし，今日の俗語用法では例文のように肯定的にも使う。かつての標準用法に取って代わる勢いである。

年配者でも否定語の使い方を間違えることもある。

「あの人が行かない前に仕事やっちゃおうね」

は，正しくは

「あの人が行く前に仕事やっちゃおうね」

である。

英語にもある。口語文で比較的多く使用される。

There was no radio, no TV, *no nothing*. (ラジオもなければ，テレビもない，何もなかった)

本来なら

There was no radio, no TV, *nothing* at all.

誤った二重否定だ。

まだある。

I *cannot help but* admire him. (私は彼を褒めざるをえない)

アメリカの口語でよく聞く表現である。本来なら

I *cannnot but* admire him.

か

I *cannot help admiring* him.

のどちらかでなくてはならないが。

強調に使われる but

通例，but は

The shirt was not red *but* black. (シャツは赤でなく黒だった)

のように，先行する否定文と対照して使う。しかし，次の用法もある。

I don't want you, *but* I need you.（私は君が欲しいのではなく，必要なんだ）
I don't like you, *but* I love you.（私は君が好きなんてものではなく，愛しているんだ）

もちろん前者のwantとneedは対応関係とみなしてもいい。しかし，後者のlikeとloveは対応関係ではない。相乗効果をねらっている。前者も一種の強調関係であるとみなすことも可能である。参考までに，疑問を感じる読者のために例文をもう一つあげる。

Do it *but* quick.（さっさとやれ）

ただし，口語ではある。

andがorで，orがandになる

英語のandは「……と」や「そして」のように語・句・節を結んだり，付け足す機能をもつ。しかし，時にはorの機能と同じように「つまり」「すなわち」の意味の換言機能をもつこともある。例文で示そう。

The new custom of wearing trousers from a very young age, *and* the increased freedom of movement which results, has almost certainly made accessible to girls many boy's games.

(非常に若い時からズボンをはくという新しい習慣により，つまり，その結果として動きがますます自由になり，女の子にとって男の子の多くの遊びにほとんど確実に手が届くようになった)

Gangsta rap, *and* the violence that surrounds it, is a symptom, not the problem. (Jim Knudsen)

(ギャングスターラップ〈ギャングの生活を賞賛するようなラップ音楽〉，つまり，それに付随する暴力は問題ではなく兆候なのである)

さらに，andが対照的な内容を示すことがある。つまりbutと同じ意味になることもある。

He promised to come, *and* did not.（彼は来ると約束しておきながら来なかった)

この文はほとんど次の文と同義である。しかし，むしろ前者のほうが強い表現。

He promised to come, but did not.

また，orは通例，2個以上の語・句・節を連結して選択を示す機能をもつ。しかしandの機能のように「そして」の意味で付け足す機能をもつことがある。

Adultery, mutiny, *or* murder *were* visited with death.（姦通，反乱，殺人は死刑に処せられた)

本来ならorは選択であるから動詞は

To be, or not to be; that *is* a question.（生きるべきか，死ぬ

べきか；それが問題だ)
のisのように，orで結合される場合は単数扱いが原則である。しかし，上の引用例文はwereと複数扱いされている。このように羅列された名詞を総合的に扱う時は複数名詞で受けていい。つまりorはandに近い用法。

原義と反対に使用される

語句や表現には寿命がある。特に，不浄あるいは性的な語句や表現には。例をあげる。

例えば，不浄な言葉について考える。今日，最も一般的である日本語の「トイレ」はかつては「厠(かわや)」「雪隠(せっちん)」であった。「御不浄(ごふじょう)」「はばかり（憚り）」も過去の言葉だ。「手水場(ちょうずば)」や「WC」もあった。現在は「手洗い」「化粧室」「洗面所」「トイレット」がふつうである。ひどい俗語になると「思案所」もあった。「思考(しこう)」と「空想(くそう)」をする場所の意味である。しかし，元をただせばすべて「便所」に行きつく。参考までに，イギリスのサッカーのスーパースターBeckhamは「便所」の意味。英語の先祖といわれる低地ドイツ語でBeckは「川」，Hamは「家」の意味。つまり「厠」。

英語も同じだ。語句や表現に寿命がある。笑い話がある。

アメリカ女性が日本式の家屋に住むイギリス女性の家にやってきた。食事中，もよおしてしまった。アメリカ人は

Where is the powder room?

とイギリス人に尋ねた。イギリス人は少し迷ったフリをした後，鏡台のある自分の部屋に案内した。何食わぬ顔をして戻ったアメリカ人，しばらくすると

Where is the bathroom?

イギリス人は日本式の風呂場に連れて行った。すぐに戻ったアメリカ人

Where is the rest room?

イギリス人は応接室へ案内した。最後に身体を震わせながら，アメリカ人

Where is the john?

イギリス人，にやりと笑ってトイレに案内。

もちろん，悪い冗談である。john は「便所」に相当する最も俗語的用語。

ちなみに powder room は婦人用のトイレだ。bathroom は文字通り風呂場であるが，欧米では便器も備わっている。rest room は通常デパート・ホテル・劇場等のトイレのことである。

イギリス英語で「トイレ」は一般に toilet，lavatory，口語では the gents，the ladies 等である。アメリカでは bathroom がふつうだ。

語句のもつイメージが原義と正反対になって，強調表現になるものは洋の東西を問わず多い。

日本語の「物凄(ものすご)い」や「物凄(ものすさ)まじい」は「気味悪い」「非常に恐ろしい」の意味である。「凄い」「凄惨(せいさん)な」と同義にも使用される。また「恐ろしい」の意味もある。英語表現では ghastly，horrible，terrible に相当する。

ところが俗語では，意味が転じて「甚だしい」「非常な」の単なる強調用法になる。

「昨日の映画は物凄く良かった」

のように。

「恐ろしい」も同じである。「不気味で怖い」「荒々しく怖い」から「とんでもなくひどい」に転じ，さらに「甚だしい」「非常な」の強調に変化している。

「昨日の映画は恐ろしく良かった」

のように。

英語にも同じ現象が生じている。「物凄い」に相当する fantastic は fantasy の派生語であり，fantastic は原義の「化け物の」から「奇妙な」に転じ，さらに「空想的な」を経て「素晴しい」となった。

「恐ろしい」に相当する awful も同じだ。

He did an *awful* good job of repairing his house.（彼は自分の家を修理するという仕事をとても見事にやってのけた）

「恐ろしい」の別の英語 terrible も原義の「悲惨な」「怖い」イメージから「ひどく」「非常に」の強調に変わる。

He is *terrible* busy.（彼はひどく忙しい）

以上二つの表現は awful と terrible を形容詞の形で副詞に転用しているので，口語あるいは俗語用法である。正しい副詞用法として紹介する。

He is *terribly* tired.（彼はひどく疲れた）

さらに，派生語 terrific となると強調用法のみならず逆の意味をもつ。

That party was a *terrific* party.（そのパーティーはすっごく

良かったぜ)

もちろん

That accident was a *terrific* spectacle. (その事故はぞっとする光景だった)

の原義もある。

c　もう一つ上のテクニック：婉曲表現と美化表現

婉曲表現とは，露骨に言う直接表現を避け，差し障りなく物を表現することである。美化表現とは表現自体に美化を含むものをいう。

婉曲表現とは

昭和から平成へと時代が変化した。昭和天皇がお亡くなりになった際の新聞記事の見出しを記憶しているだろうか。

「天皇陛下御崩御」

恐らく，当時大方の人にとって耳慣れない言葉であったのではないか。「崩御」とは，天皇・太皇太后・皇太后・皇后の死去を敬っていう語で，昔は上皇・法皇にも使った。

人間が死ぬことは文章語で「死去」である。ふつうは「死亡」という。「亡くなる」は婉曲用法。

英語では「死去」「死亡」「死」はいずれもdeathである。直接表現として英語の語彙は少ない。しかし，婉曲表現では日本語・英語共に多い。

日本語では，尊敬語として「御隠れ」「逝去」等があり，一般語として「亡くなること」「昇天」「上天」「天国へ行くこと」「土になること」等がある。

英語ではdemise「逝去」(=ラテン語の「送り出す」の意味), passing「終わり」「消滅」, expiration「最期」(=息を引き取ること), departure「旅立ち」(=あの世へ出発すること), release「解放」(=この世の苦しみから放たれること), exit「退出」(=この世から出て行くこと) 等がある。

「死」の動詞形「死ぬ」についても同様である。死は人間にとり避けがたいが, 同時に忌み嫌われる。不幸なことであるから, 直接表現を避ける気持ちが働く。日本語では「御隠れになる」「逝く」「天国へ召される」「天に昇る」「天国へ行く」「仏になる」「土になる」「土に戻る」「人生を終える」「人生を全うする」「あの世に行く」「息を引き取る」「命を閉じる」等の婉曲表現がある。

英語でも dieを避け, be no more「もはやこの世にいない」, breathe one's last「最後の呼吸をする」, expire「最後の息を吐く」, cease to live「生命を終える」, decease「命が尽きる」, draw one's last breath「最後の息をする」, lay down one's life「命を捨てる」, go the way of all flesh「肉体が滅びる」, go to one's last home「奥津城(おくつき)に至る」, go to one's resting place「墓場に入る」, go west「御陀仏(おだぶつ)になる」, leave the world「この世を去る」等がある。

もう一つ例をあげる。例として適当ではないかもしれないが, だからこそ多様な表現がある。

日本語の「売春婦」を表現するものに「売娼婦」「娼婦」「街娼」「商売女」「夜の女」等がある。さらに品が悪いが「売女」「淫売婦」がある。片仮名文字で表わせば, 最近は「ホテトル嬢」「ピンク嬢」「デート嬢」だ。かつては「コールガール」「ストリートエンジェル」「パンパン」「パンパンガール」もあった。少し古くなると「夜鷹(よたか)」「辻君(つじぎみ)」「飯炊き女」「酌婦」「春をひさぐ女」もあった。さらなる呼称もあるが，これくらいでいい。

英語でも同じである。標準的なものにprostitute「売春婦」，文語的なものにharlot「売春婦」がある。「ふしだらな女」としてのwhore「売春婦」の外に，slut「身持ちの悪い女」，hussy「(元来はhousewifeから転じたもので）主婦売春婦」等もある。婉曲要素を含むものとして，loose woman「身持ちの悪い女」，wanton「浮気女」，fallen woman「墜ちた女」，white slave「白人奴隷」，lady of the evening「夜の淑女」，lady of pleasure「快楽のための女」，woman of the profession「商売女」，woman of the street「町の女」，street walker「街娼」，pickup「引っかけ女」，call girl「電話で呼び出される女」，street girl「街娼」，hooker「(主としてアメリカの俗語で）売春婦」，working girl「仕事女」，bird「(イギリスの俗語・アメリカ黒人の俗語で）売春婦」等，数限りない。

以上の例は，人間の生活と密着した婉曲表現であり，生活の知恵から発生したと考えられる。

その一方で，何らかの要因で外部の圧力により，意図的に生じた婉曲表現もある。

かつて，世界に「南北問題」(North-South problem) があった。1959年イギリスのロイズ銀行の頭取フランクス (O. S. Franks) が初めて使った用語である。地球の北に先進工業国があり，南には発展途上国が多い。両者間で諸々の問題が生じている。「北」の国はdeveloped country「先進国」で「南」はunderdeveloped country「後進国」である。しかし，呼称が悪かった。underdevelopedのイメージが良くない。そこで，今日ではdeveloping country「発展途上国」と称している。実質は変化していない。「耳障り」ではなくなった。これこそ婉曲表現の効果である。日本語も世界の趨勢(すうせい)に従い「後進国」から「発展途上国」へと変わった。しかし，最近は「途上国」である。何の途上か理解不能であるが，とにかく「途上国」だ。

さらに，日本語には外国の圧力に屈して名称を変えた例もある。「特殊公衆浴場」である。俗に「トルコ風呂」と称していた。元来はトルコ人が使う蒸し風呂で，熱気を利用した乾燥浴の一つであるが，日本では男性が快楽を求める特殊な風呂である。これにトルコ政府が噛みついた。「日本のトルコ風呂と本来のトルコの風呂を同列に扱うな」と。

その結果，新名称が登場した。「ソープランド」である。もちろん和製英語だ。しかし「石鹸(せっけん)ランド」とは何か。「石鹸の土地」でも不可解。要するに「ソープランド」なのだ。意味不明であるはずが日本人には理解できる。

美化表現とは

ここでは，例えば

Would you please help me to carry this babbage?（この手荷物を運ぶ手伝いをしてくださいませんか）

のような「丁寧」表現を問題にはしない。あくまで表現自体を美化する場合を扱う。

例えば，bachelor girl は「自活する若い独身女性」である。career girl となると career woman と同じ感覚になる。「若さ」を問題にしない。bachelor girl の bachelor は確かに「男」ではあるが，ここでは「独身の」の意味に転化されている。しかし bachelor's wife になると「独身男性の妻」で「売春婦」の意味になる。一種の婉曲表現である。

ここで扱うのは，次のような美化表現である。例えば，フランス語でbelle-de-nuit（英語のbeauty-of-nightに相当）は「夜の美女」で「オシロイバナ」をいう。英語のlady of the eveningの連想から「夜の女」の意味にもなるが，ふつうは「オシロイバナ」だ。またbelle-de-jour（英語のbeauty-of-dayに相当）は，やはり植物の「ヒルガオ（昼顔）」になる。少々オーバーではあるが，美化表現である。「花」は美しいという前提が常にある。

さらに美化意識が増加したものにフランス語のbeau-frère（英語のbrother-in-lawに相当）がある。原義はbeautiful brotherの意味であるが，「義理の兄弟」を意味する。beau-fils（英語のson-in-lawに相当）で，原義はbeautiful sonであるが「義理の息子」「娘むこ」である。

種明かしをしよう。古期フランス語のbeauやbelleには「親愛なる」の意味があり，親愛・敬称を示すと考えるべきである。今日では単に義理関係の親族呼称に昔の名残りがあるだけ。

「長男」も一種の美化表現だ。日本語でも「長男」は別格で「次男」あるいは「二男」，そして「三男」「四男」「五男」と数字を利用する。英語でも「長男」は特別で，アメリカ英語ではthe oldest sonといい，イギリス英語ではthe eldest sonだ。「二男」はthe second son,「三男」はthe third sonである。

d　言葉通りに解釈しない

言外の意味とは，換言すれば，書き言葉あるいは話し言葉の語句・表現が言葉通りに解釈されず，他の意図をもつことをいう。英語でいえばimplicationで「含み」「裏の意味」と置き換えてもいい。

言外の意味をもつ語句・表現

次の諺がある。

Speech is silver, silence is golden.（雄弁は銀，沈黙は金）

この諺はアメリカ社会では通用しにくい。

Silence communicates either anger or boredom.（黙っていることは怒り，あるいは退屈を意味する）

という言葉があるくらいだから。つまり，アメリカ社会では「沈黙」は言外に「怒り」か「退屈」のニュアンスを含む。

さらに次の言葉がある。

Silence gives consent.（沈黙は承諾の印）

「沈黙」は「容認」を意味している。

言外の意味をもつ代表例として「狼（オオカミ）」の話をする。

英語には次の諺がある。

Man is a *wolf* to man.（人を見たら泥棒と思え）

この言葉の源は *The Oxford Dictionary of Quotations* によると，ローマの劇作家プラウタス（Plautus）で，原文は

A man is a *wolf* rather than a man to another man, when he hasn't yet found out what he's like.

（人間は自分がどんなものか理解していない限り，他人にとって人間であるより狼である）

元の諺の原義は「人間は狼である」だが，「狼」は「人間に対（たい）

峙するもの」ということだ。つまり「邪悪なもの」「残忍なもの」「強欲なもの」に擬人化されている。

「狼」には外に「貪欲な人」「女たらし」「女を誘惑する男」「色魔」等の意味がある。人間に転化されている。次の慣用句がそれを示している。

a *wolf* in a lamb's skin「親切を装っている危険人物」

cut one's *wolf* loose「酔っ払う＝自分のいやな部分を酔った勢いで外に出すことから」

have a *wolf* by the ears「絶体絶命のピンチになる」

「狼」の言外にある意味は日本語でも西洋でも同じだ。

次の例はどうであろう。

「仙台は東京の上にある」

ということがある。特に，地理に疎い人の言葉に多い。旅行好きの人や鉄道会社の人はまず使わない表現である。地図の上でのみ仙台を考える人の発想だ。

「仙台は東京の北にある」

という意味だ。

英語では

Sendai is to the north of Tokyo.（仙台は東京の北にある）

である。しかし，主としてアメリカ英語であるが「北」を up ということがある。

Sendai is *up* from Tokyo.（仙台は東京の上にある）

と。日本でもアメリカでも同じ発想である。

アメリカでは「北へ向かう列車」を up train という。イギリスでは「ロンドンへ向かう列車」を up train という。「上り列車」である。日本では「東京，あるいは当該地方の中心都市へ向かう列車」をいう。

言外の意味が強く出る表現

表現される以上に言外の意味が強く出る表現も多くある。

All you have to do is study English.（君がすべきすべてのことは英語を勉強することだ）

原義以上に「君は英語の勉強さえしていればいい」という強い意味になる。

That's what his saying is all about.（それこそ彼の言っていることのすべてである）

原義以上に「彼の言っていることはそれだけだ」の強い意味になる。

以上の強めは all の存在によるところ大である。

"Let's go swimming." "Why not ?"（「泳ぎに行こうよ」「なぜ行ってはいけないのか」）

答えの文は原義以上の「よし，行こう」の強いニュアンスを含む。

You told her what? (君は彼女に何かを言ったんだろう?)

前に言われたことの説明や反復を求め，上昇調の発音をする。原義以上に「君はとんでもないことを彼女に言った」の意味になる。

以上の強めは疑問詞の存在によるところ大である。

さらに，時制の相違を利用して言外の意味を強く出す表現方法もある。

You've seen better days. (君は良き時代を見てきた)

つまり「君には全盛時代もあった」の意味だが「今は盛りを過ぎた」「今は落ちぶれた」の意味にもなる。現在完了時制を使いながら現在を強調している。

同じ例をあげる。

I've seen better. (私はもっと良いものを見た)

原義以上に「こんなものは大したことはない」の意味がある。

I've seen worse. (私はもっと悪いものを見た)

原義以上に「これはまだましなほうだ」の意味になる。

次の用例は現在完了を使いながら未来を強調している。

You ain't seen nothing yet. (君はまだ何も見ていない)

原義以上に「これからまだ色々なものを見られるよ」「楽しみはまだあるさ」の意味。

欧米人に誤解される日本語表現

日本語表現の一部には欧米人に理解不能なものがあるという。

日本はほぼ単一民族の国であり，思考方法も国民間で大きな相違はない。しかし，欧米人からみると不可解な点も多いと思われる。

例えば，次の会話における「どうも」はどんな意味だろうか。

(a)「昨日は大変ご苦労でしたね」
　「どうも」
(b)「昨日は忙しかったのに君欠勤しちゃって」
　「どうも」

(a)は「どうもありがとうございます」の「感謝」の意味。(b)は「どうもすみません」の「陳謝」の意味である。両者共に「どうも」で意思は伝わる。

この種の以心伝心は欧米人には理解不能だ。

日本人は買い物をする際，バーゲンセールであろうとなかろうと自由に商品を手にとって吟味する。しかも，店員の「いらっしゃいませ」という掛け声を無視しながら。

英米ではこうだ。

Hello, may I help you?

答えとして，店員に何かお願いをしたいなら

Yes, please.（はい，お願いします）
だ。ただ品定めをしているのなら

No, thank you. I'm just looking.（いえ，ありがとう。ただ見ているだけです）

と答えるのがエチケットだ。

ドイツ語なら

Guten Tag. Was darf es sein?（今日は。何かお探しですか）

Ich möchte mich nur umshauen. Danke.（見ているだけです。ありがとう）

であろう。

フランス語なら

Bonjour. Que désirez-vous?（今日は。何かお探しですか）

Je regarde seulement. Merci.（見ているだけです。ありがとう）

である。

日本人の場合，状況に合った言葉が出にくい。しかし，黙っているのは相手に失礼である。しかも，無断で商品に手を触れるとは……。欧米では店員は商品を責任もって販売している。許可なしに手を触れるのは許しがたい行為である。買う意思がなければウインドーをのぞく（window-shopping）だけにすべきだとなる。商品を手にとるのは買う意思があるということ。手にとりたい時は店員に問うべきだ。「手にしていいですか」と。

Can I pick it up？(英語)
Kann ich dieses berühren？(ドイツ語)
Puis-je le toucher？(フランス語)
¿Puedo tocarlo？(スペイン語)
Posso toccare？(イタリア語)

のように。上の表現はすべて「手にとっていいですか」の許可を求めるものである。

表現のずれ

日本語でも英語でも表現のずれが生ずる。

破産した衣料メーカーのコマーシャルに for exclusive men というのがあった。コマーシャルでは「高級な人のために」「一流の人のために」のつもりだったのであろう。しかし exclusive を「人」に使うと「排他的な人」「閉鎖的な人」のニュアンスをもつ。

He is exclusive in thought.（彼は考え方が排他的である）

のように。商品に関して使用すれば

We sell exclusive articles for winter wear.（我々は高級な冬物衣料を販売いたします）

の意味になり「高級な」「一流の」の語感になる。この衣料メーカーは潰れるべくして潰れたのだ。exclusive を人に対して使い，「排他的な人のための」品物と宣伝したのだから。

他の例をあげる。

例えば reasonable を考える。

He is reasonable in his demands.（彼の要求には思慮分別がある）

The price is reasonable.（その値段は手頃だ）

「人」に関しては「理性的な」「思慮分別がある」の意味。「値段」「物」に付くと「手頃な」「相応な」になる。

「ティーンエイジャー」について考えよう。英語の teenager は文字通り「13歳から19歳までの男女」をいう。また teens ともいい -teen の接尾辞が付く年齢の若者をいう。10歳から12歳は含まれない。含む時は eleventeen や twelveteen の造語を使う。

しかし，日本では「10代の若者」の解釈をする。つまり，10歳から12歳を含む。

ドイツでは Teenager で13歳から19歳までの若者であるが，ふつうは少女を指すことが多い。同一の呼称でありながら，国により対象が異なる例。

日本語でも混乱が生じている。

化粧を禁止している高校での一場面

先生　：君，口紅つけてるだろう？

女生徒：いえ，リップです。

女生徒にとって，リップは恐らく，リップスティックではないだろう。リップスティックは lipstick で「棒状の口紅」になる。リップは多分リップクリームのつもりだ。リップクリームは和製英語である。女生徒からすれば，リップは口紅ではない。色の付いたクリームで「唇の乾燥を防ぐ薬剤」である。英語の lipsalve に当たる。先生には lip で立派な「口紅」の解釈になりえようが。

e　流行語と若者言葉の限界

言語表現は日々変化する。特に，最近の若者言葉の変化は急速である。言葉には寿命があるとはいえ。

流行語の誕生

最近，和製英語が多くなっているのは避けられない現象である。英語の流通がヨーロッパはもとよりアジアでもさかんなのだから。結果として，英語まがいの表現が多数生まれる。

次の表現もふつうになりつつある。

「彼はアバウトだから，仕方がないさ」
「彼はアバウトな人だ」

どうやら「アバウト」は形容詞として使われる。両者は
「彼は大まかだから，仕方がないさ」
「彼は大ざっぱな人だ」
の意味である。英語の about に由来する和製英語で「およそ」「大ざっぱな」「厳密でない」の意味である。1983年発行の『広辞苑第三版』(岩波書店刊) には掲載されず，1993年発行の『集英社国語辞典』には記載されている。もちろん1998年発行の『広辞苑第五版』には載っている。言葉として市民権を得たといえる。

英語では前置詞か副詞である。

He walked *about* the room. (彼は部屋を歩き回った)

He walked *about*. (彼は歩き回った)

前者は前置詞，後者は副詞である。形容詞用法もある。

German measles is *about*. (風疹が流行っている)

のように使い「アバウトな人」のように名詞を限定する限定用法はない。

英語にも「アバウト」に似た表現はある。

It is seven-*ish.*（7時ころだ）

She is 30-*ish.*（彼女は30歳くらいだ）

両者は次の表現の代わりである。

It is about seven.

She is about 30.

上の -ish は口語で「およそ」「……頃」に相当する意味の形容詞語尾である。

また，最近「切れる」という語を新聞・雑誌で多く見かける。『広辞苑第五版』に「我慢が限界に達し，理性的な対応ができなくなる」の説明がある。第三版にはなかった定義だ。少年犯罪が多発するに伴い，新たに付け加えられた。恐らく定着する定義であろう。少年犯罪は増加の一途をたどり，「切れる」は犯罪の増加と密接な関係があろうから。

次に英語における新語について述べる。

ある英字新聞からの抜粋である。

"The improvement in the U.S.-Chinese relations is very much in Japan's interest as well. In fact, it is a *win-win-win* outcome for the people in the United States, Japan and China." Albright said at a joint press conference with him. (AP電)（「アメリカと中国の関係改善は日本の利益にも大いになる。事実，アメリカ，日本，中国の国民の三者に有利な結果である」と彼との共同記者会見でオルブライト氏は述べた）

上の文における win-win-win outcome「三者にとって有利な結果」は，ふつう辞書にない表現だ。発言者の即興的造語かもしれない。もともとは win-win proposal「双方にとり有利な提案」

のように用い，win-win は「無難な」「安全な」「両者にとり満足な」の意味だ。アメリカ政府用語といっていい。

では「四者にとって有利な提案」は win-win-win-win proposal と言うであろうか。多分言わない。おそらく profitable and satisfactory proposal for the four parties となるだろう。

次も同様の例である。

But I'll be, like an hour late. Naomi is *late late*. (Kate Moss)
(でも私は1時間遅れくらいでしょう。ナオミなんか「遅刻，遅刻」よ)

この文はスーパー・モデルのケイト・モスが対談中，自分が遅刻した際の言い訳に同じスーパー・モデルのナオミ・キャンベル (Naomi Cambel) を引き合いに出して言った言葉である。標準的には

Naomi is later than me.

である。

流行語の消滅

近所の理髪店に

『モボ』

という店がある。モダンな名前だが「古いなあ！」と思いつつ通り過ぎる。どんな客が入るのか興味もある。「モボ」に対応するのは「モガ」だ。「モボ」は昭和初期の造語で modern boy の意味。当然「モガ」は modern girl のこと。いずれも和製英語であるが，今日の若者には通用しない。

今日の若者に「モーテル」は通じるだろうか。おそらく通じな

い。本来の英語の意味は「自動車旅行者のための宿」である。もちろん「motor＋hotel」の合成短縮語。しかし，日本人には「自動車で入れるラブ・ホテル」の意味合いが強かった。だが，この表現も古くなりすぎた。今や「モーテル」に代わりlove hotel（ラブ・ホテル）なる和製英語が幅を利かせている。若者には「ラブ・ホテル」はもう古い。「ラブホ」。

新表現と新発想

日本語の発想と欧米の発想が異なることも多い。

例えば「半島」を耳にする時，日本人は何を連想するのか。『広辞苑第五版』には以下の説明がある。

「陸地が海に長く突き出した所。小さなものを岬・崎・角・鼻などという」

つまり，日本語では「半島」は「突き出した先」「突き出した場所」という解釈だ。欧米言語では，この解釈はない。

英語ではpeninsulaだが，ラテン語のpaene「ほとんど」とinsula「島」の合成語である。つまり，「海に長く突き出した陸地」ではなく「ほとんど島」の意味になる。

フランス語では「大きな半島」はpéninsuleで，英語と同じ合成からなっている。la Péninsule des Balkans「バルカン半島」のように使う。「小さな半島」はpresqu'îleである。presque「ほとんど」とîle「島」の合成で，語源的にはpéninsuleと同一である。

ドイツ語ではHalbinselという。halb「半分」とInsel「島」の合成語だ。つまり「半分島」になる。

このように「半島」は欧米言語では「ほとんど島」か「半分島」の意味。日本語のように「海に突き出て」はいない。

また，発想を変えると本質が見えることがある。

あるアメリカ人が質問をしてきた。いわゆる，文字通りの chicken-and-egg question（ニワトリと卵の質問）。つまり「白黒つけがたい問い」あるいは「因果関係がどちらともいえない問い」を chicken-and-egg question という。

「君はニワトリと卵とどちらが先か知っているよね」

「わからないね」

「君は日本人だろ？」

「そうさ」

「僕はアメリカ人だからわからなくてもいいが，日本人なら誰でも知っているさ」

「……？」

アメリカ人はこう言った。

「卵が先に決まっているさ。『2はトリ』だもの。『1は卵』さ」

日本人にとって「ニワトリ」は「鶏」で「庭鳥」の発想しかない。人間との関わりが深く，農家の「庭先にいる鳥」からの発想だ。しかしアメリカ人には「2はトリ」の考え方も可能なのである。

上例は，単なる言葉の遊びではあるが，外国人はこのような連想をしながら文化を学ぶ。つまり，外国人には新しい発想が生まれる。

広がる複合語と新語

世の中が複雑になり，英語の世界共通化が進むにつれて，英語の複合語・合成語が新語として生じる。その結果，複雑すぎる場合には短縮語が生まれる。

文明の発達は人間の営みを容易にしたと同時に環境の悪化を招いた。

20世紀初頭のロンドンは衛生状態の悪さでは世界で有名だった。工場から出る煤煙(ばいえん)と名物の霧で前が見えないこともあったという。煤煙はsmokeで霧はfogだ。公衆衛生の専門家H. A. des Voeux（ブエー）は「sm(oke)＋(f)og」からsmogをつくり上げた。日本語に訳せば「煙霧」である。しかし，今日では「スモッグ」がふつうである。その後50年が過ぎた。太陽光線がスモッグと交わると化学変化を起こすことがわかった。photochemical smog「光化学スモッグ」の誕生である。1957年から使われている造語である。

比較的最近の合成短縮語と思われているが，案外古いものにbrunchがある。「breakfast＋lunch」の合成短縮語である。「遅い朝食で昼食を兼ねる食事」のこと。最近ではテレビ番組の一部になっているので新しい感覚があるのだろうが，発生は19世紀末の1896年。

一般大衆の生活面でも刻々と表現は変化する。現代生活が時間に追われると共に，我々は食事の時間すら節約するようになってきた。スペインやイタリアのように相変わらず長い昼休みをとる国もあることはあるが。彼らは，夏は特に暑いから昼食後おしゃべりをしたり，コーヒーを飲んだり，昼寝をしたりして生活を楽しむ風習をもつ。siestaという。「昼寝」のことである。

しかし，アメリカやイギリスではゆっくりテーブルに座って，昼食をとれないビジネスマンも多い。レストランから昼食を持ち帰り，職場で食べたり，車の中で食べる。この種の食事を提供するレストランを takeout restaurant「持ち帰り用レストラン」という。アメリカ英語である。イギリスでは takeaway restaurant という。本来レストランとはゆったり食事をとれる食堂のことであるが，「座って食事をするレストラン」を逆に sit-down restaurant と呼ぶ現象まで起きている。

日本でも同じだ。「蕎麦屋（そば）」は座る場所であったはずだ。日本人には立って食事をする習慣はなかったと思われる。それが「立ち食いソバ」なる表現まで生まれている。

さらに新語は発生し続ける。

Republicans hold *tissue-thin* control in Congress. (*The Washington Post*)（共和党は国会で紙一重のコントロールを保っている）

「紙一重」は元来 paper-thin である。しかし，paper-thin より紙一重な表現が生まれた。tissue-thin は「ティッシュ・ペーパー１枚分の薄さの」の意味だ。

新しい文型の登場

単語や表現のみならず，従来は使用されなかった文型まで登場する。

(a) He *looked at* her *eating* lunch.（彼は彼女が昼食を食べているのを見た）

(b) He *listened to* her *singing* a song.（彼は彼女が歌をうた

っているのを聞いた)

上の文例はいずれもアメリカ英語である。イギリス英語では，知覚動詞 see や hear は上のような文型「V＋目的語＋…ing」の型をとり，

(c) He *saw* her *eating* lunch.

(d) He *heard* her *singing* a song.

のようになる。

自由奔放と称すべきか，あるいはいい加減というべきか，とにかくアメリカ英語の特徴である。アメリカ人にとって，see「見る意志がなくても目に入る」と look at「見る意志をもって見る」との相違はどうでもいい。「見る」ことに変わりはないのだから。また hear は「聞く意志がなくても聞こえ」，listen to は「聞く意志をもって聞く」こともどうでもいい。「聞く」ことに変わりはないのだから。

しかし，アメリカ英語が世界を席巻すると状況が一変する。いわば「勝てば官軍」である。アメリカ英語が正しいものとなり，イギリスでも(a)と(b)の表現が使われ始めている。もちろん口語においてではあるが。この文型を認めない文法の専門家もいるけれども。

このように新しい文型は常に誕生している。

Authorities said 79 people had been confirmed dead nationwide and another two in Guatemala. As many as 1,200 people have been reported missing in Las Colinas. (AP 電)（当局の発表によると国中で79人が亡くなり，グアテマラでさらに2人が亡くなったことが確認されている。1,200人もの多くがラス・コリ

ナスで行方不明であると報告されている）

上の用例の動詞 confirm には

They confirmed 79 people dead.（当局は79人が亡くなったのを確認した）

の「V＋目的語＋補語」の文型はない。

同様に新聞記事からの引用。

British Foreign Secretary Jack Straw said Israel was "not entitled going for this kind of unlawful killing." (AP 電)（イギリスのジャック・ストロー外相はイスラエルは「このような殺害までやる権利は与えられていない」と言った）

上の文で動詞 entitle は「V＋目的語＋to 不定詞」か「V＋目的語＋to＋名詞」の文型しか認められていないにもかかわらず「V＋目的語＋動名詞」の文型になっている。今後，従来の文型を無視した英語が数多く現われる前兆を示すものである。

参考文献

本書を執筆するにあたり，主に次の文献を参考にしました。

・『アメリカ200のキーワード』秋間浩（朝日新聞社，1991）
・『アメリカ俗語辞典』ユージンE. ランディ原編，堀内克明訳編（研究社出版，1975）
・『通じる英語』シャーロット・マカードル，井上謙治編訳（新潮社，1985）
・『ほんとうの英語がわかる 51の処方箋』ロジャー・パルバース，上杉隼人訳（新潮社，2001）
・『非言語コミュニケーション』マジョリー・F・ヴァーガス，石丸正訳（新潮社，1987）
・『英語迷信・俗信事典』I・オウピー／M・テイタム，山形和美監訳（大修館書店，1994）
・『英文法解説』改訂新版　江川泰一郎（金子書房，1964）
・"Language and the Sexes" Francine Frank and Frank Anshen,（State University of New York Press, 1983）
・"Sociolinguistics: An Introduction" Peter Trudgill,（Penguin Books Ltd. 1974）
・"An Introduction to Intercultural Communication"『異文化へのコミュニケーション』John Hinds,（南雲堂，1995）
・"The Oxford Dictionary of Quotations" Fourth Edition, Angela Partington（Oxford University Press, 1992）
・"The Oxford English Dictionary" James A. Murray, et al.,

eds. (Oxford University Press, 1933)
・"A Dictionary of Slang and Unconventional English" 8th Edition, Eric Partridge／Paul Beale, (Routledge & Kegan Paul, 1984)
・『小学館　ランダムハウス英和大辞典第二版』小学館ランダムハウス英和大辞典第二版編集委員会（小学館，1994）
・『新英和中辞典第 6 版』竹林滋他編（研究社，1994）
・『ジーニアス英和辞典　第 3 版』小西友七他編（大修館書店，2001）
・『講談社　オランダ語辞典』P.G.J. van Sterkenburg 他監修（講談社，1994）
・『小学館　独和大辞典第 2 版コンパクト版』国松考二他編（小学館，2000）
・『小学館　プログレッシブ独和辞典』小野寺和夫他編（小学館，1994）
・『ジュネス仏和辞典』石井晴一他編（大修館書店，1993）
・『小学館　西和中辞典』桑名一博他編（小学館，1990）
・『小学館　伊和中辞典』池田廉他編（小学館，1983）
・『広辞苑第五版』新村出編（岩波書店，1998）
・『広辞苑第三版』新村出編（岩波書店，1983）

おわりに

日本は極東に位置しながら，数百年間西洋に目を向けてきた。16世紀にポルトガル人，スペイン人が渡来した。江戸時代にはオランダ人，明治以降はイギリス人，フランス人，ドイツ人を通して西洋文化を輸入した。太平洋戦争以後は，主としてアメリカ人との交流が続いている。今日，世界でアメリカが経済的にも，軍事的にも指導的立場を維持している。その結果，特に，この数十年間に英語の影響力が増している。我々も英語を抜きにして将来を考えるわけにはいかない。

英語力を身に付けるということは英語を単にぺらぺら喋ることではない。本書を読み終えた読者は英語力を鍛えるための素地は十分に身に付いたと考えていいのではなかろうか。読者の皆さんは既に英語がヨーロッパの中で，あるいは世界の中でどのような位置を占めているか理解しているであろう。今日の英語のもつ諸々の要素は，ヨーロッパのさまざまな言語からヒントを得て，それを総合的・有機的に織り成した結果の所産であることも理解したのではなかろうか。この総合力こそが，英語の目に見えないパワーなのである。皆さんがこの総合力をエネルギー源として，当然のごとく英語力を向上することができれば，著者の目的も達成されることになり，嬉しい限りである。

その後に英語力をいかに鍛えるかは読者の皆さんの努力によるのであるが，英語力アップはやはり文法力の向上に比例するのではなかろうか。英語力の向上のためには，今後さらに文法力を高め，ますますその力を発揮しつつ，英語の読書量をいかに増やすかにかかっている。幸い，拙著『英文法の仕組みを解く』が同じNHKブックスから既に出版されている。一読していただければ，英語の本質が理解できると考えられる。その上*Newsweek*，*TIME*等の英語雑誌の精読・多読を繰り返せば，数ヵ月で英語力は十分に鍛えられることは保証できる。

時間的に世界が小さくなるにつれて，コミュニケーションの速度も早くなる。コミュニケーションの時間的短縮は道具としての言語の内容改善を促すことになる。つまり，コミュニケーションを的確に，かつ迅速にすることが必要となる。そのためには今後は英語自体が変化することも考えられる。現に英語は過渡期にあり，日々変化している。我々はこの変化にも対応できなくてはならない。正しい英語力を身に付ければ，それも可能である。拙著がそのための指針となれば著者は本望である。

最後に本書の出版に際し，編集を担当してくださり，詳細に亘り有益なご忠告を戴き，ご叱正を請うた編集部の石浜哲士氏に心から感謝の気持ちを申し上げたい。

2005年1月20日

東京理科大学の研究室にて

鈴木寛次

鈴木寛次——すずき・かんじ

●1941年千葉県市川市生まれ。早稲田大学商学部、東京都立大学人文学部独文科・英文科卒業。日本工業大学工学部教授を経て、現在、東京理科大学経営学部教授。専門はヨーロッパ言語、特に西ゲルマン語（英語・オランダ語・低地ドイツ語・ドイツ語）間における比較言語学。多年にわたり、英語の祖先である北ドイツの方言と英語の関係を研究。

●主な著書『英語の本質——ヨーロッパ語としての考え方』（郁文堂）、『発想転換の英文法』（丸善）、『こんな英語ありですか？』（平凡社）、『英文法の仕組みを解く』（NHK 出版）、『異文化間コミュニケーションの技術』（講談社）、『英語の常識は非常識』（KK ベストセラーズ）等。

NHK ブックス［1023］

英語力を鍛える

2005（平成17）年 2 月25日　第 1 刷発行

著　者　鈴木寛次

発行者　松尾 武

発行所　日本放送出版協会

東京都渋谷区宇田川町41-1　郵便番号150-8081

電話　03-3780-3317（編集）　03-3780-3339（販売）

http://www.nhk-book.co.jp

振替　00110-1-49701

［印刷］啓文堂［製本］三森製本［装幀］倉田明典

落丁本・乱丁本はお取り替えいたします。

定価はカバーに表示してあります。

ISBN4-14-091023-2 C1382

NHKブックス　時代の半歩先を読む

*文学・古典・言語・芸術

万葉集―時代と作品―　木俣　修
古事記への旅　荻原浅男
古事記―天皇の世界の物語―　神野志隆光
宮沢賢治の、短歌のような―幻想感覚を読み解く―　板谷栄城
宮沢賢治と東京宇宙　福島泰樹
憂世と浮世―世阿弥から黙阿弥へ―　河竹登志夫
日本語の特質　金田一春彦
文章をみがく　中村　明
英語の発想・日本語の発想　外山滋比古
バロック音楽―豊かなる生のドラマ―　礒山　雅

*政治・法律

日本のＯＤＡをどうするか　渡辺利夫／草野　厚
日本外交の軌跡　細谷千博
政治は途方に暮れている―その理念と現実―　内山秀夫
現代民主主義の病理―戦後日本をどう見るか―　佐伯啓思
連合政治とは何か―競合的協同の比較政治学―　岡沢憲芙
現代アメリカの自画像―行きづまる中産階級社会―　佐々木　毅
「無意識の意思」の国アメリカ―なぜ大国は甦るのか―　薬師寺泰蔵
リトアニア―小国はいかに生き抜いたか―　畑中幸子
ＥＵを創った男―ドロール時代十年の秘録―　チャールズ・グラント
インド発、国連職員の日々　髙橋央彦
外国人特派員―こうして日本イメージは形成される―　木村昌人／田所昌幸
イスラム世界と欧米の衝突　宮田　律
中国２０２０年への道　朱　建栄
行政改革をどう進めるか　白川一郎／富士通総研経済研究所編著
自治体破産―再生の鍵は何か―　白川一郎
黙殺―ポツダム宣言の真実と日本の運命―(上)(下)　仲　晃
アフガン戦争の真実―米ソ冷戦下の小国の悲劇―　金　成浩
経済安全保障を考える―海洋国家日本の選択―　村山裕三
アメリカ時代の終わり(上)(下)　チャールズ・カプチャン
中国とどう付き合うか　天児　慧
自分と自分以外―戦後60年と今―　片岡義男

※在庫品切れの際はご容赦下さい。

NHKブックス　時代の半歩先を読む

＊地誌・民族・民俗

森林の思考・砂漠の思考　鈴木秀夫
鉄を生みだした帝国―ヒッタイト発掘―　大村幸弘
料理の起源　中尾佐助
木の実とハンバーガー―日本食生活史の試み―　原田信男
「うつわ」を食らう―日本人と食事の文化―　神崎宣武
漬物と日本人　小川敏男
都市の思想（上）（下）　西川幸治
世界の自然遺産　屋久島　田川日出夫
ユーカリの森に生きる―アボリジニの生活と神話から―　松山利夫
南太平洋の日々―珊瑚海の彼方から―　堀　武昭
イルカとナマコと海人たち―熱帯の漁撈文化誌―　秋道智彌編著
アメリカ先住民の精神世界　阿部珠理
ニューイングランド物語―アメリカ、その心の風景―　加藤恭子
イギリス人の表と裏　山田　勝
森と人間の文化史　只木良也
ウィーンの森の物語―中欧の人々と生活―　倉田　稔
田園とイギリス人―神が創りし天地で―　小林章夫
アイルランドのパブから―声の文化の現在―　栩木伸明
変貌するフランス―個人・社会・国家―　西永良成
草原と馬とモンゴル人　楊　海英
中国茶・五感の世界―その歴史と文化―　孔　令敬
ヨーロッパ思索紀行　木村尚三郎

＊歴史(II)

ハプスブルク歴史物語　倉田　稔
過去の克服・二つの戦後　R・v・ヴァイツゼッカー
キング牧師とその時代　猿谷　要
アリステア・クックのアメリカ史（上）（下）　アリステア・クック
ケネディはなぜ暗殺されたか　仲　晃
世界史とわたし―文明を旅する―　梅棹忠夫
アウトローの世界史　南塚信吾
スコットランドの聖なる石―ひとつの国が消えたとき―　小林章夫
謎の仏教王国パガン―碑文の秘めるビルマ千年史―　大野　徹
アジアの原像―歴史はヘロドトスとともに―　前田耕作
ウィンナ・ワルツ―ハプスブルク帝国の遺産―　加藤雅彦
アナトリア発掘記―カマン・カレホユック遺跡の二十年―　大村幸弘

※在庫品切れの際はご容赦下さい。